JN318404

意外と知らない福島県の歴史を読み解く！

福島「地理・地名・地図」の謎

石田明夫
Akio Ishida

JIPPI Compact

実業之日本社

はじめに

福島県は、太平洋に面した「浜通り」、県の中央部に位置し、奥羽山脈と阿武隈山地に挟まれた「中通り」、奥羽山脈から西側に広がる、山に囲まれた「会津」の三地域からなる県である。

気候も、浜通りは温暖で雪があまり降らず、会津は積雪が二メートル以上となる地域もある豪雪地帯、中通りは双方の中間の気候と分かれている。そのため、生活様式や方言も大きく異なり、それぞれ独自の文化を形成してきた。

また、関東から見て東北地方の入口に位置している福島県は、関東と北の地、双方を睨む場所でもあった。そのため、徳川家と上杉家が一触即発の状態となった関ケ原の戦い直前や、白河や会津で激戦が繰り広げられた幕末の戊辰《ぼしん》戦争など、時代の転換点の舞台となった。

このような東北の要衝であったからこそ、伊達政宗《だてまさむね》、蒲生氏郷《がもううじさと》、上杉景勝《うえすぎかげかつ》、直江《なおえ》兼続《かねつぐ》などの優れた戦国武将が活躍し、また、江戸時代には三代将軍家光の異母弟である保科正之《ほしなまさゆき》が初代会津藩主となり、その後も松平定信といった名君が生まれたのである。

県の中央部には、吾妻山《あづまやま》、安達太良山《あだたらやま》、磐梯山《ばんだいさん》という名峰や猪苗代湖《いなわしろこ》、裏磐梯という水に恵まれた自然豊かな観光地がある。しかし過去には、一八八八（明治二一）年七月一五日、四七七名にも及ぶ犠牲者を出した磐梯山の大噴火に遭遇している。また、二〇一一（平成二三）年の東日本大震災では、福島県は地震だけでなく、太平洋側の沿岸部で大津波を受け、住み慣れた町や村が破壊された。それだけではない。原発という問題も重く圧し掛かっている。いまだ、帰還することさえできない町があり、避難者は、県内・県外を含め約一〇万人以上にも及んでいる。そうした人々にも、今は離れていても全国や子孫に誇れる「ふるさと」がある。

郷土の歴史、地名には、今後につながる知恵が詰まっている。過去を知り、今後に備え、新たな未来をつくるには「温故知新《おんこちしん》」が大切である。本書が、その糧となることを希望してやまない。

石田明夫

【目次】

第一章　気候・地理が生み出す不思議

第二章　近現代の福島の政治と産業の変遷

第三章　神話の時代から近代までさまざまな地名の由来

第四章　これってホントなの？　福島のビックリな秘密

第五章　福島を代表する名物・名産・観光地

第六章　遺構や伝承からたどるさまざまな歴史

装丁／杉本欣右
本文レイアウト／浅井美穂子（オフィスアスク）
本文地図・図版／浅井美穂子（オフィスアスク）
編集／風来堂
本文／保田明恵・森 俊朗

第一章
気候・地理が生み出す不思議

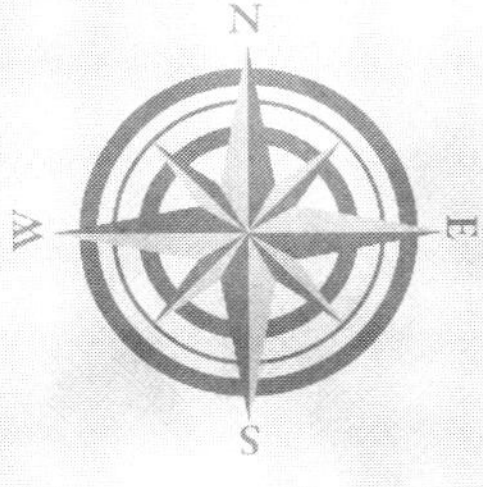

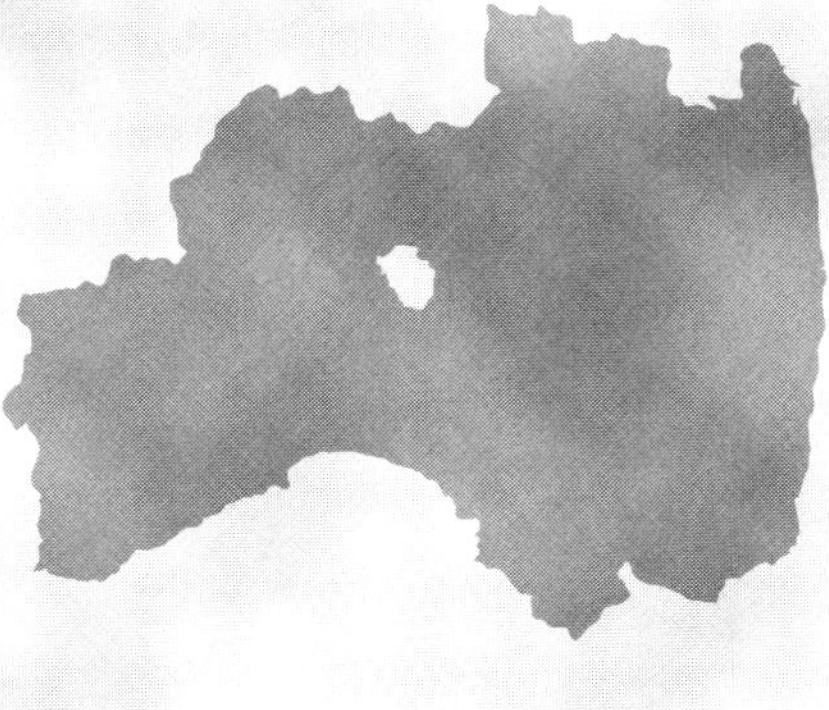

猪苗代湖から水を引いた安積疏水工事 真の目的は士族のための農地作り⁉

現在の郡山市にはその昔、一面の原野が広がっていた。水に乏しく、農民を苦しめていた不毛の地に、明治時代、猪苗代湖から水を引いて造られたのが安積疏水《あさかそすい》だ。

疏水とは、灌漑《かんがい》や舟運を目的に、土地を開削して切り開かれた水路のこと。二五キロメートルも離れた場所にある猪苗代《いなわしろ》湖から、奥羽山脈を掘って、水を引く安積疏水は、明治政府による、国営の農業水利事業の第一号でもあった。いいかえれば、国の力なしには成し遂げるのが難しい、お金も人員も要する一大プロジェクトだったわけである。

猪苗代湖から郡山まで水を引くというアイデアは古くからあったが、国を動かして、見事、実現させた裏には二人の立役者がいた。中條政恒《なかじょうまさつね》と大久保利通《おおくぼとしみち》だ。

福島県の典事《てんじ》（課長職）で、安積疏水の建設を切望していた中條は、福島を訪れていた明治政府の内務卿（大臣）の大久保の宿舎を訪ね、安積疏水の事業を国費でやってもらえないかと直接訴えたのだ。

安積疏水の事業を行うことは、当時の政府が掲げる二つの政策にまさに沿うものだった。

一つは、産業を興し、生産を増やして、国の近代化を進める「殖産興業《しょくさんこうぎょう》」。もう一つは、明治維新後、失業した士族を救済する「士族授産《しぞくじゅさん》」だ。

中條の話に心を動かされた大久保は、安積疏水の実現に向け動き出す。大久保の働きかけにより、一八七八（明治一一）年、ついに予算が計上される。しかしその三カ月後、大久保は東京の紀尾井坂において暗殺され無念の死を遂げる。暗殺の数分前、大久保は福島県令・山吉盛典《やまよしもりすけ》と会談し、安積疏水について話していたという。

四〇〇億円が費やされた大工事

同年、ついに着工。工事の第一歩は、猪苗代湖から会津を流れ、日本海へと注ぐ日橋《にっぱし》川《がわ》、十六橋水門《じゅうろっきょうすいもん》を建設することだった。水門を構える目的は、日橋川へ流れ出る水量を調整し、猪苗代湖の水位を保つためだ。

その後、奥羽山脈を掘削して導水トンネルを築き、水路を建設。工事を開始して三年後の一八八二（明治一五）年、幹線水路の延長五二キロメートルと、七八キロメートルの分水路からなる疏水が完成した。トンネルの数は三七カ所。受益面積は約三〇〇〇ヘクタールにも及んだ。工事には、延べ八五万人の労働力と、四〇万七〇〇〇円（現在の約四〇〇億円相当）のお金が費やされた。

新たな開墾地として有望視された原野には、久留米藩や二本松藩など九藩の士族約五〇〇戸、約二〇〇〇人がやって来て入植した。いざ完成した安積疏水の威力は、期待を裏切らないほど強力だった。完成の翌年、東北地方を大干ばつが襲ったものの、疏水のおかげで水田は水が絶えず、このエリアだけは豊作だったという。

だが、疏水の恩恵に、入植者である士族たちはすぐにあずかることはできなかった。新しく開墾した土地はやせており、お金のない士族たちは肥料を充分手に入れることもできなかった。農業経験の不足も、生産性を上げられない一因となった。士族たちは借金を背負い、土地を売るなどしても生活は困窮し、一家離散の道をたどった者もいた。

苦難を乗り越えながら開墾を続けるうちに、やがて農業技術も向上。豊かな水を得た開墾地は徐々に、肥えた大地へと変わっていった。先人たちの努力のおかげで、現在、郡山市は米の産地となり、「あさか舞《まい》」というブランド米で人気を博している。

安積疏水が郡山にもたらしたものはほかにもある。一八九九（明治三二）年には郡山で、猪苗代湖と安積疏水の落差を利用した沼上水力発電所が運転開始。日本の長距離送電の草分け的存在となった。電力が安く手に入ることから製糸会社が誕生し、ほんの一五年ほど前は原野だったのが嘘のように、郡山は製糸工業の地として目覚ましい発展を遂げていった。郡山市の現在の繁栄は、安積疏水がもたらしたといっても過言ではないのだ。

県土の幅はたった一メートル！飯豊山頂へと延びる不思議な県境

山形県西置賜《にしおきたま》郡小国町《おぐにまち》と、新潟県東蒲原《ひがしかんばら》郡阿賀町《あがまち》の境に位置する山、飯豊山《いいでさん》。飯豊連峰の主峰で、七世紀に唐の知道和尚と役小角《えんのおづの》が開山した歴史をもつ。名前の由来は、「飯を豊かに盛ったような山容」であるという説もあるが、この地にやって来た稲作の神で奈良県に本社がある飯豊比売神《いいとよのひめかみ》から名づけられている。山頂には飯豊山神社が置かれ、山そのものが御神体とされ、古くから人々の信仰の対象となってきた。

この飯豊山には、実に奇妙な県境が引かれている。山全体は大半が山形県と新潟県に属しているが、そのうち、細長く伸びた登山道と山頂一帯だけが、山形、新潟のどちらの県でもなく、なんと福島県喜多方市に属しているのだ。なんとも狐につままれたような話ではないか。

詳しく説明しよう。福島県の北西端は、福島県、山形県、新潟県の三つの県がちょうど接している地点。ここに三国岳《みくにだけ》という、飯豊連峰の南東端の山がある。この三国岳から飯豊山の山頂に向かって、新潟県と山形県の境目に登山道が伸びている。この、二つの県を無理やり切り裂くように走る登山道の県土が福島県なのだ。

登山道の幅は、なんと一メートルに満たない。ジャンプすれば、福島県を軽く飛び越えて、山形県と新潟県を行き来できてしまうほどの細さだ。

細い県土は曲がりくねりながら続き、山頂を過ぎ、やはり飯豊連峰の御西岳《おにしだけ》まで、七・五キロメートルにもわたり続いているのだ。

通常であれば、山の一部である登山道は、裾野が広がる山形県か新潟県の県土に設定するものだろう。ではなぜこんな事態が発生したのだろうか。不思議な県境誕生のいきさつには、飯豊山をめぐる福島県と新潟県、それぞれの県民の浅からぬ思い入れが関係していたのである。

両村合同の現地調査で下された結論は……

明治時代に、福島県の県庁移転運動をめぐる騒動が起きた。そのとき、福島県の一部だった東蒲原郡が、新潟県へと移転されてしまう（五一ページ）。

実はこのとき、飯豊山も新潟県に編入されてしまったのだ。これに黙っていられなかったのが、福島県の一ノ木村《いちのきむら》（現在の喜多方市山都町《やまとまち》）の住民だ。

というのも、飯豊山はかつて会津を治めていた戦国大名・蒲生氏郷《がもううじさと》が、山頂の飯豊山神

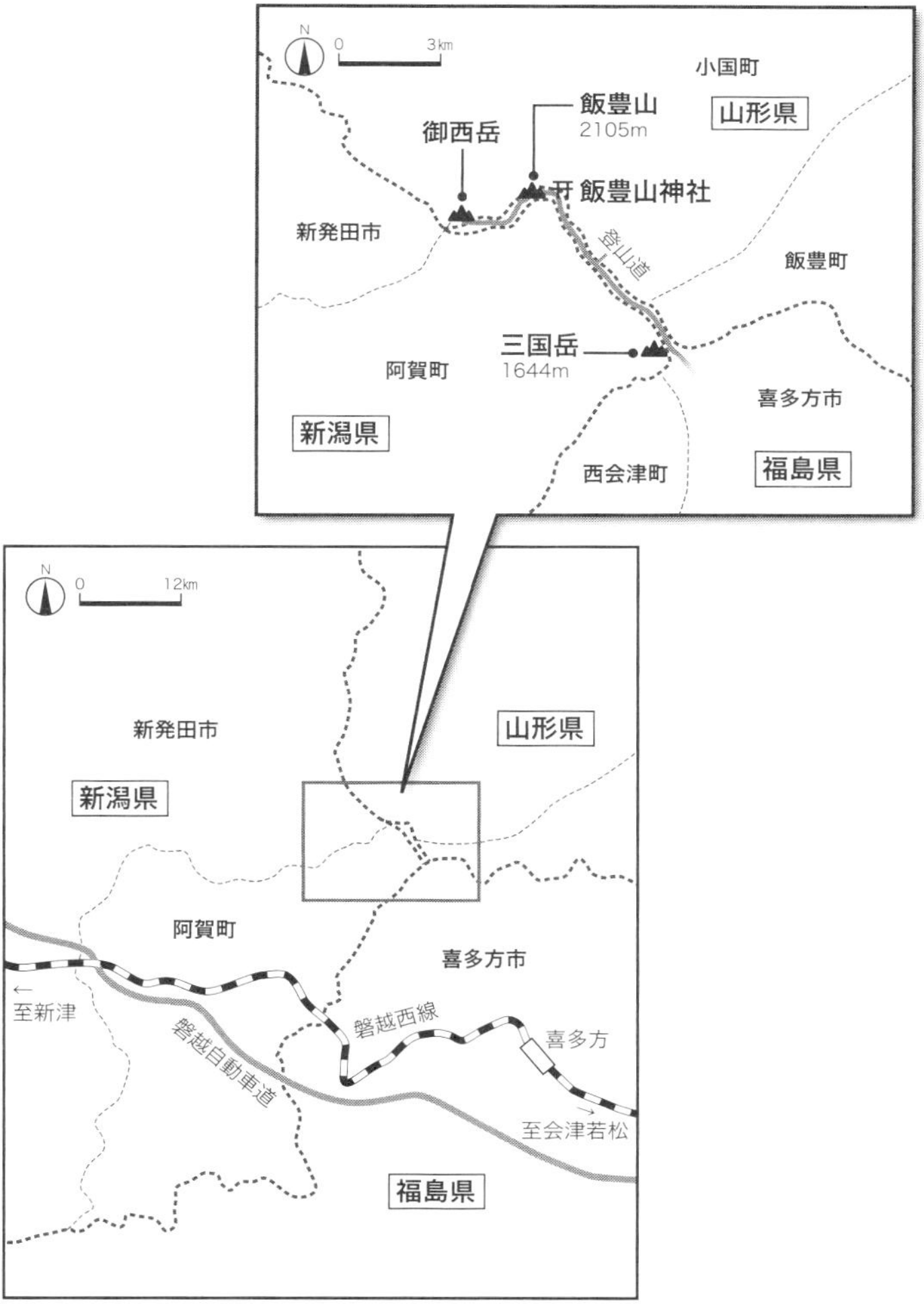

福島・新潟・山形の３県が隣接する飯豊山にある細長い県土

社の社殿や登山道を整備し、その後も会津藩主となった松平氏によって保護されたこともあり、会津の人々の心の拠り所として切り離せない存在となっていた。

一ノ木村はこう主張した。飯豊山神社の麓宮は一ノ木村にあり、山頂にあるのはその奥宮にあたる。ならば当然、奥宮も一ノ木村の土地である。

この意見に真っ向から反対したのが新潟県の実川村（現在の阿賀町）。「飯豊山は昔から越後の山であり、当然ながら飯豊山神社は実川村の土地にある。税金も実川が納めている」との論陣を展開した。

いったいどちらの言い分が正しいのか。県民感情を刺激し、県境紛争を巻き起こしたこの難題にケリがついたのは、それから二〇年以上も経った一九〇七（明治四〇）年のことだった。

県境問題に決着をつけるため、両村の村長と技師や査定官らが皆で飯豊山に登り、村長らの立ち会いのもと、現地で調査を行ったのだ。藩政資料なども精査された。その結果、一ノ木村の言い分が認められ、飯豊山神社及びその境内と、登山道は一ノ木村に所属することが公けに認定されたのである。

もちろん現地は山の稜線であるため、三県の県境などが描かれているわけもなく、灌木の生い茂る土の登山道が見えるだけだ。

裏磐梯の人気景勝地・五色沼
なぜあんなにカラフルなの？

県内でも有数の人気を誇る観光地、裏磐梯《うらばんだい》（磐梯高原）。その名の通り、会津磐梯山の裏側（北側）標高約八二〇メートルの地に広がる高原で、大小合わせて三〇〇以上といわれる湖沼が点在し、水と緑と風に包まれた、清涼感あふれる高原美を満喫できる。川を堰き止め無数の沼を形成し、裏磐梯を生み出したのは、一八八八（明治二一）年の磐梯山の大噴火だ。だが、噴火後に広がっていた、泥流と灰に覆われた地を、現在のような美しい高原に変えたのは、ある人物の努力の賜物だった。

その始まりは、喜多方市塩川町出身の白井徳治である。白井は一八九〇（明治二三）年、裏磐梯に白井館という旅館を建て、一九〇二（明治三五）年には火山で荒れた土地に植林を開始している。一九一〇（明治四三）年からは、「裏磐梯の父」と呼ばれている遠藤現《えんどうげん》夢《む》、本名・遠藤十次郎《じゅうじろう》が植林を始めた。十次郎は一八六三（文久三）年に、会津若松の商家に生まれた。元来器用だったのだろう。十次郎は遠藤家の養子となったのち分家し、味噌や醤油の醸造や運送業など、さまざまな仕事をしていた。

遠くに磐梯山を望む毘沙門沼

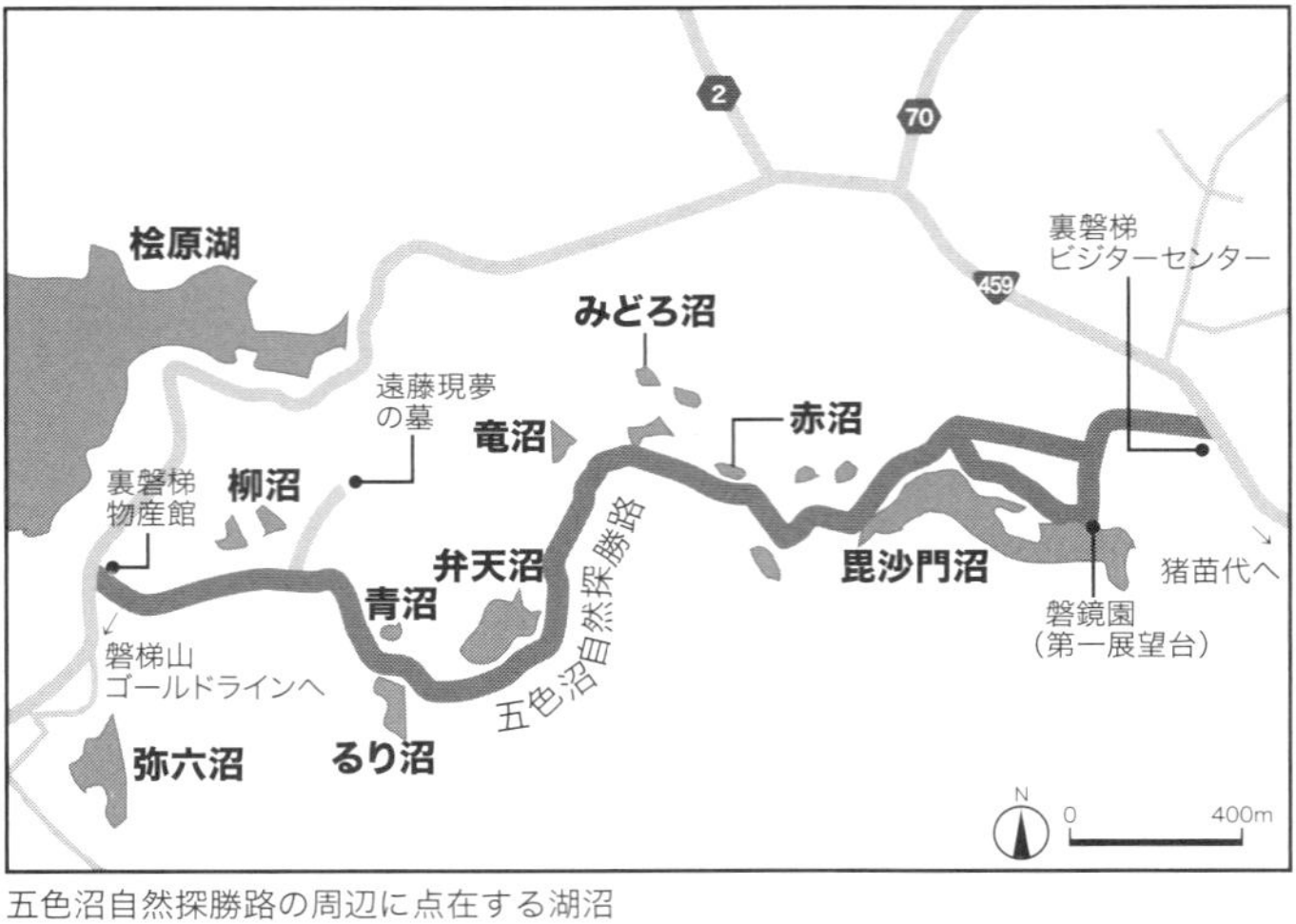

五色沼自然探勝路の周辺に点在する湖沼

あるとき十次郎は、水力発電の開発の企画のため裏磐梯を歩いていると、国が裏磐梯を民間人に植林させ、土地を払い下げようと計画しているとの情報を得る。

「岩石だらけになった磐梯山を、緑と野鳥の楽園に戻したい」と考えた十次郎は、自ら植林の権利を譲り受け、仲間とともに湖のほとりに建てた小屋に寝泊まりしながら、私財を投じて赤松を植林していった。十次郎の手で緑を取り戻した裏磐梯は、第二次世界大戦後、進駐軍の保養地として整備されたことをきっかけに、観光開発が進んでいった。

また、十次郎は元会津藩主松平家の所有だった鶴ヶ城の公園管理を松平家より依頼されていた。若松に陸軍の連隊が進駐することを祝い、一九〇八（明治四一）年にほとんど桜の木がなかった鶴ヶ城に、友人らと約一〇〇〇本のソメイヨシノを植えている。

滝廉太郎《たきれんたろう》が作曲を手掛けた名曲「荒城の月」について、作詞の土井晩翠《どいばんすい》はこの詞を、鶴ヶ城をモデルにして考えたと語っている。もし十次郎が鶴ヶ城に桜を植えなければ、あの有名な「春高楼《はるこうろう》の花の宴」の歌詞は生まれなかったに違いない。

水面の色を決める要因は何？

さて、裏磐梯の中でも人気が高いのが五色沼《ごしきぬま》だ。五色沼は、大小約八〇からなる湖沼群の総称である。五色沼の素晴らしさは、その名が示す通り、カラフルな水面の色にある。

全長約四キロメートルの探勝路沿いには、さまざまな色の沼が点在する。青緑色に輝く毘沙門《びしゃもん》沼、青、緑、赤の三色を持つ深泥《みどろ》沼、神秘的なコバルトブルーの瑠璃《るり》沼など、異なる色の沼が広がる。また、沼ごとに色が違うだけでなく、訪れる時間帯によっても色が変わるため、何度訪れても飽きさせない魅力がある。一つの湖で色が変化する「五色沼」は全国にいくつかあるが、狭い範囲に色とりどりな沼が集まっている「五色沼」は珍しい。

しかしなぜ、五色沼はこれほど色彩豊かなのか。それには、磐梯山が火山であることが関係している。磐梯山は、前述の明治時代の大噴火だけでなく、それ以前にも以後にも何度か噴火しており、現在も小規模ながら水蒸気を噴出し続けている。そのため、磐梯山近辺の土には火山噴出物が混じっていて、これが酸化することで色を引き起こすのだ。

沼の深度が浅い場合には、沼の底の色がそのまま、人の目に届く色となる。例えば銅沼《あか》が赤いのは、酸化した鉄分が沈殿しているためだ。一方、深い沼では、やはり火山噴出物である珪酸《けいさん》アルミニウムの微粒子により、水中に不透明な層が作られる。この層に太陽光が当たり、散乱することで色が変わるのだ。さらには太陽光が差す角度が変われば、光の屈折の仕方が変化するため、見える色が微妙に変化する。これが、見る時間によって沼の色が変化する理由である。

火山の噴火により作られた湖沼は、その美しい色もまた、火山の影響下にあった。

しぶき氷に団子氷、流氷まで⁉ 猪苗代湖で見られる氷の芸術

福島県のほぼど真ん中にある猪苗代湖《いなわしろこ》は、面積一〇三・三平方メートル、湖周は五五・三キロメートルと、日本で四番目に大きな湖だ。会津若松市、郡山市、耶麻《やま》郡猪苗代町にまたがって広がっている。

猪苗代湖といえば、毎年約三〇〇〇羽に及ぶハクチョウの飛来地として、国の天然記念物にも指定されている。また、ハクチョウほど有名ではないが、やはり国の天然記念物となっているのがミズスギゴケ群落。ミズスギゴケとは、水流の作用を受けて、コケが球形や楕円形になったもの。見た目はマリモに似ている。日本では猪苗代湖でしか見られない、非常に珍しいものだ。

さて、猪苗代湖にはもう一つ自然にまつわる「名物」がある。猪苗代湖の北東部には、天神浜《てんじんはま》という猪苗代湖へと注ぐ長瀬《ながせ》川の河口にできた砂州がある。この天神浜では、一月下旬〜二月上旬頃の厳冬期、「しぶき氷」という氷の芸術を鑑賞することができる。

しぶき氷とは、湖の水が強風にあおられて、水しぶきとなって護岸に生えている樹木に

湖岸に沿って不思議な形のしぶき氷が見られる

降りかかり、凍結してしまう現象だ。しぶきは繰り返し飛んで来ては凍りつくため、木は厚く氷をまとい、宮城県と山形県の県境に位置する蔵王《ざおう》連峰などで見られる樹氷に似た、幻想的な光景を作り出す。

会津盆地の季節風が要因の一つ

天神浜ではしぶき氷以外にも、さまざまな氷の芸術を見ることができる。

湖面に氷が張ってできた氷原の先端を波が打ち砕き、強風で氷の上に打ち上げられ氷の丘を作り出す。こうして出現するのが、氷の丘が山脈のように連なる「氷丘脈《ひょうきゅうみゃく》」だ。

丸い氷が浮かぶ「団子氷」も、まさに自然のいたずらといった趣だ。雪片が溶ける間もなく、次々と降ってくる雪と波にもまれて合体しながら、丸くなってゆくといわれる。

氷同士がぶつかることで縁が盛り上がり、蓮《はす》の葉そっくりの形となる「蓮ノ葉氷」が、湖面一面に広がるさまも実に美しい。蓮ノ葉氷は北海道の紋別市などでも見られる現象だ。氷原が風で砕かれて散らばり、湖面をゆったりと漂う光景は、氷のサイズこそ小さいものの、オホーツク海名物、流氷を思わせる。流氷しかり、蓮ノ葉氷しかり、「ここは北海道なの!?」といいたくなるような光景が、真冬の猪苗代湖では展開されることになる。

では、いったいなぜ福島県の猪苗代湖で、北海道並みの現象が起きるのか。その理由は単純明快で、猪苗代湖が寒冷地にあるからだ。猪苗代湖は、湖面の標高が五一四メートルと、日本屈指の高地に位置する湖である。当然冬になると、気温はグンと冷え込む。猪苗代湖付近の過去二〇年の一月の平均気温はマイナス二・四度。これは北海道の札幌市並みの寒さである。

ただし氷の芸術が見られるのは、猪苗代湖でも限られた一帯の天神浜のみ。これは一つには、この場所が地形上、猪苗代湖の中でも特別に冷え込むことが理由に挙げられる。長瀬川河口付近は、陸地が半島のように湖に突き出している。そのため、会津盆地からの季節風が湖上をわたり、遮るものなくまともに吹きつけるのだ。しぶき氷を作るのに必要なしぶきを跳ね上げるのも、この強烈な西風によるものである。

もう一つ、天神浜が遠浅であることも、氷の芸術を生む要因となっている。本来、猪苗代湖は、最大深度九四・六メートルと水深が深く、また、常に波があり水が対流していることから、冬でも凍りづらい。

だが天神浜付近は、沖の方まで二メートル以下と浅い。そのため猪苗代湖では例外的に、寒くて風が弱いと氷結が起こる。ただし、氷原はできても、一面凍結するわけではない。部分的に氷結を起こして薄氷が張っているときに強い西風と、風が作る高波が作用することで、氷がさまざまに形を変え、氷の彫像となって姿を現すのである。

磐梯山の大噴火で運ばれてきた見祢の大石は毎年縮んでいる!?

会津富士の愛称で親しまれ、多くの登山客で賑わう磐梯山《ばんだいさん》。日本百名山の一つであり、磐梯高原などを含めて磐梯朝日国立公園の一部に指定されている。この山が、火山史に残る大爆発を起こしている。

およそ一〇〇〇年もの間、火山活動をほぼ休止していた磐梯山が、突如、長い眠りから目を覚ましたのが一八八八（明治二一）年七月一五日のこと。それまでの沈黙を打ち破る大噴火の規模はすさまじく、この爆発により山体はおろか、周囲の自然まで一変させてしまったのだ。

磐梯山の北側に存在していた山、小磐梯《こばんだい》は、爆発の影響で瞬く間に崩壊し、消滅してしまった。推定時速三〇～五〇キロメートルものスピードで流れ出した小磐梯の岩石や土砂などは、磐梯山北側の麓の五村一一集落を、一〇メートルもの厚さに覆って埋没させた。死者の数は四七七人にものぼった。

このときの岩石や土砂などにより堰き止められた河川が増水した結果、形成されたのが、

住宅街の中に威風堂々鎮座する見祢の大石

桧原《ひばら》、小野川《おのがわ》、秋元《あきもと》から成る裏磐梯三湖。さらに、五色沼ほか、大小三〇〇以上あるといわれる湖沼群だ。

つまり、磐梯山の恐ろしい大噴火が起きたことにより、自然美あふれる福島県随一の観光地、裏磐梯（磐梯高原）が誕生したことになる。なお、裏磐梯という呼び名は意外と新しく、一九二〇（大正九）年の植林事業の頃から。それ以前は桧原《ひばら》と呼ばれていた。

泥流に乗って山麓まで運ばれた

磐梯山噴火による泥流は、山の北側だけでなく東側にも流れ込んだ。磐梯山の東麓に位置する、猪苗代町《いなわしろまち》にある見祢《みね》集落では、磐梯山の噴火の恐ろしさを今に伝える「生き証人」を見ることができる。「見祢の大石」と呼ばれる巨石がそれである。サイズは、長さ約九メートル、幅約六メートル、高さ約三メートル。民家の庭先に、庭石と考えるにはどう見ても巨大すぎる、ゴツゴツした石が横たわる光景は、かなり異様である。

この大石こそ、磐梯山の噴火で火口付近にあった輝石安山岩《きせきあんざんがん》と呼ばれる火山岩の巨大な塊が、泥流により山麓域まで運ばれてきたものなのだ。

磐梯山の麓とはいえ、見祢集落は、磐梯山山頂から直線距離で約五キロメートルも離れている。泥流がここまで達していたことを、この大石が物語っている。

泥流が遠く離れた場所にまで、かように大きな石を運び得ることを証明する、学術的にも貴重な存在とされ、一九四一（昭和一六）年には国の天然記念物に指定されている。

ところで、目を見張るほど巨大な見祢の大石だが、実は毎年数センチメートルずつ「縮んで」いるのだという。いったいどういうことか。

見祢の大石の重さは推定約四〇〇トン。石がある場所は、地盤が軟らかくその重みに耐えられない。実は見祢の大石は自らの重みで地中にめり込んでいるのだ。噴火以来、一三〇年ほどの間に徐々に土中に沈んでいった結果、現在露出している部分は、元の高さの半分ほどになった。人知を超えた自然のスケールに、改めて圧倒されるエピソードである。

年々標高が高くなり続けている⁉
柳津町にある世にも奇妙な山脈

「褶曲《しゅうきょく》」という言葉を聞いたことがあるだろうか。地層は通常、海などの広い場所であれば、それぞれの層がパイのように水平に堆積してゆく。しかし、地層が固まる前に、地殻変動により横方向に押される力を受けることで、グニャリと波形に変形することがある。褶曲とは、こうした波形になった状態の地層を指す用語である。

褶曲により、地層は山のように盛り上がったり、谷のように沈んだ場所ができる。山状になったところを背斜《はいしゃ》、くぼんだところを向斜《こうしゃ》と呼ぶ。ちなみに、表層に近い、堆積した地層がまだ軟らかい場所は柔軟性があり褶曲となるが、地下深くの硬い地層では、地層がずれ、逆断層となることが多い。

山は、火山により形成されるケースもあるが、この褶曲作用により背斜の傾斜が次第に急になり、その結果できたものも数多く存在している。

なんと、世界の最高峰・エベレストを擁するヒマラヤ山脈も、大規模な褶曲によりできたと考えられているのだ。もちろん、山や山脈ができるまでには、気の遠くなるような年

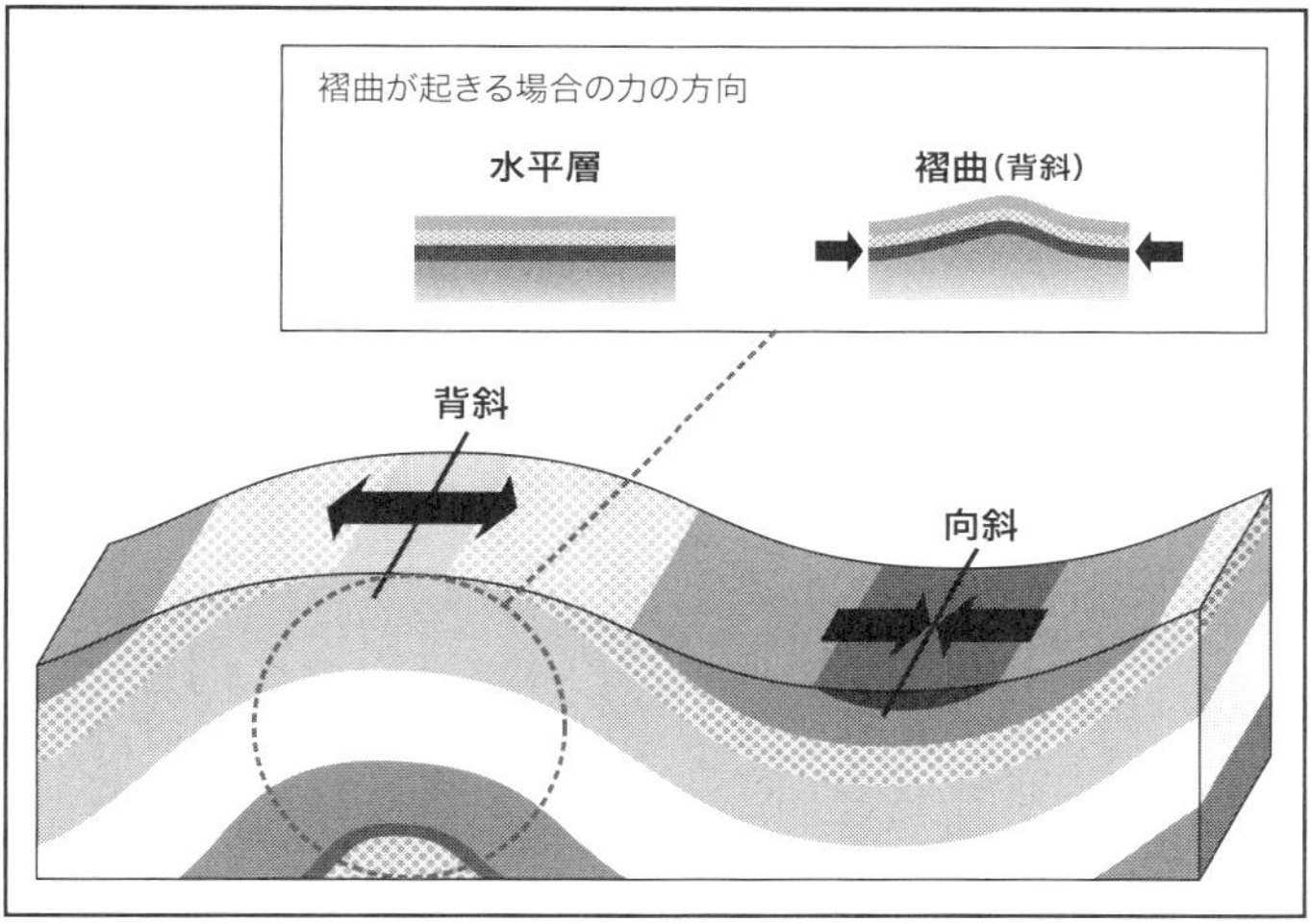

褶曲ができるメカニズム。地層に横方向の力が加わることで地層がゆがむ

月がかかっている。

背斜が侵食によって、周囲より古い地層が露出する場合がある。こうした場所を見ることで、過去の地層の変動がよくわかるのだ。そして、この褶曲を、はっきりと確認できる場所が福島県にある。

地形の変化が如実にわかる

河沼郡柳津町《やないづまち》を、国道二五二号沿いに行くと、細越《ほそごえ》という集落にたどり着く。この辺りに、山肌が一部むき出しになっており、元々は水平だった地層が山形に曲がった背斜を観察できるスポットがあるのだ。

このように地層が露出している場所は県内にほかにもあり、背斜が見られる場所も数カ所ある。

さらに興味深いことに、これらの背斜の傾斜はさらに変化を続けている。これは、越後山脈の地殻変動がまだ収まっていないため。背斜の角度が大きくなれば、それだけ背斜の隆起部分が突出することになる。そのため、各地にある越後山脈の山々は、年々高くなっていることになるのだ。

では、具体的にはどのぐらいずつ高くなっているのだろうか。

水準点と比べて計算したところ、場所により異なるが、例えば柳津町の藤集落にある藤峠では、五八年間かけて二五ミリメートル高くなったことが判明した。中には四五ミリメートルを記録したところもある。

六〇年近くかけて、数センチメートル。「なあんだ、これだけか」とがっかりする向きもあろうが、一〇〇万年経てば六五〇メートルになる。まさに、塵も積もれば山となる、である。

いつの日か、福島にヒマラヤ山脈並みの立派な山脈ができるかもしれない、と考えるのは、なかなかワクワクさせられる話ではないか。

平地で見られるのは日本で只見だけ！
光と霧が生み出す神秘・ブロッケン現象

日の出や日没時、太陽を背にして立ったとき、雲や霧に自分の影が映り、なおかつその影の周りを囲むように虹の輪が出現する現象をブロッケン現象という。

ブロッケンという名前は、この現象がドイツのブロッケン山でよく見られることからつけられた。日本では、「阿弥陀様が光背《こうはい》を背負って現れた」として、この現象を御来光の名で呼び、崇めていた。飯豊山の参拝者が山でブロッケン現象に出会うと、「仏様に出会えた」とたいそう喜んだといわれている。

ブロッケン現象で光の輪が出現するのは、たち込めている雲や霧により、背後から差す太陽光が散乱するためだ。通常、ブロッケン現象は高山などでしか見ることができない。

そんな特殊な場所でしか見られないブロッケン現象だが、日本で唯一、平地で見られる場所がある。南会津郡只見町《ただみまち》の、只見川だ。只見町は標高三七〇メートルほどに位置する。

具体的には、上流の只見湖から只見川に架かる常盤橋にかけての約四キロメートルの間。万代橋（現在は立入禁止）や町下橋、常盤橋の上から、または只見湖で川を右手にして覗

只見川に架かる橋やダム湖で見られるブロッケン現象

き込むと見ることができる。
只見川でブロッケン現象が起きるのは七～八月の暑い季節。時刻は午前六～八時頃。前日の気温が高く、当日はよく晴れた日であればほぼ見られるという。ただし、次の二つの条件が必須。川霧が出ていることと、直射日光が自分の背後から当たることだ。
なぜ、ブロッケン現象が只見町で現れるのか。その理由は、只見川の水温にある。
上流の只見ダムから流れてくる只見川の水は、夏でも平均水温は一八度と大変低い。そこで平均気温二八度となる夏になると気温との差から、大量に川霧が発生する。さらに夏の太陽の照射角度などの要素が重なって、ブロッケン現象を出現させていると考えられている。

「ハンダづけ」はここから名づけられた？
江戸～明治初期に発展を遂げた半田銀山

伊達郡桑折町《こおりまち》にそびえる、標高八六三メートルの半田山《はんだやま》。中腹に整備された半田山自然公園は標高が高いため、開花を迎えるのがゴールデンウィーク頃の「遅咲きの桜」の名所としても知られる。地元の人に親しまれる半田山だが、かつては「半田銀山」として、日本三大銀山や日本三大鉱山の一つに数えられるほどだった。

半田銀山の、当時の知名度の高さがよくわかる、とある名称がある。

「ハンダ」という鉛とスズの合金を熱で溶かして電子部品を接合することを「ハンダづけ」というが、この「ハンダ」、なんと半田銀山の「半田」に由来するといわれている。ハンダが半田銀山と直接関係があったのかは不明だが、合金の名前に拝借されてしまうほど、半田銀山の存在は全国的に有名だったということになる。

半田山で銀が発見されたのは、一説によると今から一二〇〇年ほど前の平安時代初期。銀山として、本格的に採掘の対象となったのは、江戸時代前期だ。一五九八（慶長三）年、徳川家康と対立したことから、会津一二〇万石から米沢三〇万石に減封された上杉景勝《うえすぎかげかつ》は、

半田銀山史跡公園にある運搬用の軌道と羽州街道が立体交差する橋桁部分の石垣

藩の財源確保の手段として、半田銀山の開発に目をつける。その後、上杉家三代目・綱勝《つなかつ》の代より、採掘がスタートした。しかし、綱勝が世継ぎがいないまま急死したことで、福島盆地は幕府が取り上げ、一七四九（寛延二）年には、半田銀山は江戸幕府の直轄領となる。幕府にとって、半田銀山は財政を支える貴重な収入源となった。

　しかし、江戸時代末期になると倒幕の動きが高まり、幕府は銀山の運営どころではなくなってしまう。一八六四（元治元）年、幕府は半田銀山を手放すことにした。その後、経営権は民間人の手に移る。一八七四（明治七）年、薩摩出身の実業家で、のちに大阪商法会議所（現在の大阪商工会議所）を設立するなど、大阪経済の基盤を作ったと称される五代友厚《ごだいともあつ》が採掘に乗り出した。敏腕の友厚らしく、新しい技術を取り入れることで、採掘量は過去最大に達した。明治天皇も御臨幸され、現場をご覧になった。

県内第一号の水力発電所も造られた

また、一八九三（明治二六）年に福島県で初めての水力発電所が造られたのも半田銀山だ。それまでは、一日に一二〇人もの人間が坑内の湧水を排水するための作業に費やされていた。それも、朝から晩まで休みなく、排水作業を行わなければならなかった。これをなんとかしたいと、友厚の長男で、半田銀山経営の後を継いだ龍作が、最新の技術を駆使して水力発電所の建設に成功。発電所ができたおかげで、電気ポンプが使えるようになったことから、毎時七キロリットルの排水が可能となった。

現在、半田銀山史跡公園内には、五代友厚・龍作親子を祀る祠も設けられている。

繁栄を極めた半田銀山を衰退に導いたのは天災だった。

一九〇一（明治三四）～一九〇三（明治三六）年、半田山に山崩れが繰り返し発生。さらに一九一〇（明治四三）年には、豪雨による大規模な陥没地滑りが起き、山麓一帯の民家に甚大な被害がもたらされた。休山を経て、一九七六（昭和五一）年、約一一〇〇年間続いた半田銀山は、正式に閉山の運びとなった。

川内村にひっそり水をたたえる平伏沼
詩人・草野心平を魅了した動物とは？

川内村の平伏山《へぶすやま》の山頂に、平伏沼という名前の沼がある。面積約一二〇〇平方メートルの小さな沼だ。

一見、なんの変哲もない自然豊かなこの沼、モリアオガエルの繁殖地として、専門家の間では有名な存在だ。岩手県八幡平《はちまんたい》市にある大揚《おおあげ》沼とともに、モリアオガエルの繁殖地として国の天然記念物にも指定されている。

モリアオガエルは日本の固有種で、成長すると、体長は雄が四～七センチメートル、雌が六～八センチメートルになる。

モリアオガエルの産卵は非常に変わっている。白い泡状の卵塊を、沼に張り出した木の枝などに生みつけるのだ。卵塊の大きさは直径一〇～一五センチメートルぐらい。この中に、さらに個別の卵が三〇〇～八〇〇個も入っている。

産卵後、一五日間ほどで卵の中でオタマジャクシがかえる。つまりオタマジャクシは、水中ではなく空中で孵化することになる。するとオタマジャクシは、真下に広がる沼に落

写真中央の白い泡状のものが枝に産みつけられたモリアオガエルの卵

下し、そのまま水の中で泳ぎ始め、やがてカエルに成長する。

産卵期となる梅雨入りから一〇日ほどの間には、平伏沼では多いときで約三〇〇もの卵塊が、枝から垂れ下がる。産卵期の六～七月は、許可なく沼への立ち入りは禁止となる。

この沼がモリアオガエルの一大繁殖地となっているのは、沼のほとりに落葉広葉樹の木々が茂り、産卵、孵化しやすいことや、沼の周りの広大な森林がカエルの生息に適していること、山の上なので自然が壊されにくく、豊かな生態系が残されていることなどが理由に挙げられるだろう。

モリアオガエルの貴重な繁殖地となっている平伏沼だが、過去には絶滅の危機に瀕したこともある。沼の北西部の木を伐採したところ、一九七二（昭和四七）年に干ばつが発生。産卵期に沼の水がなくなってしまった。そもそも平伏沼は川から水が流れ込んでいないため、降雨量が少ないと沼の水が減少してしまうのだ。

この窮地を救ったのは、村の中学生の行動だった。卵塊を自宅で孵化させたのだ。これを見た村民たちも立ち上がり、村をあげて保護活動に取り組み、モリアオガエルを守り抜いたのである。

今も、カラ梅雨で沼の水が少ない年にはモリアオガエルの管理監視員が、木の枝から落ちてきたオタマジャクシを受け止めるため、沼に水を入れた発砲スチロールの箱を設置するなど、貴重な生態を守る努力を続けている。

新聞投書が生んだ川内村と詩人との縁

さて、この平伏沼と、切っても切れない深い関係のある有名人物がいる。福島県が生んだ、近現代の日本を代表する詩人、草野心平《くさのしんぺい》だ。

心平は石城郡上小川村《いわきぐんかみおがわむら》（現在のいわき市小川町）生まれ。カエルを題材にした詩を書き続けたことでも知られ、「カエルの詩人」とも呼ばれる。

だが、もし平伏沼が存在しなければ、心平はカエルについて生涯書き続けることはなかったかもしれない、と考えるのはいささかおおげさだろうか。というのも心平は、人生のあるときから、平伏沼を毎年訪問していたからだ。平伏沼での体験が、カエルの作品を生み続ける原動力となっていたことはおそらく間違いないだろう。

心平と平伏沼の縁は、心平が新聞社に送ったこんな内容の投書から始まる。「モリアオガエルの生息地があれば教えてほしい」。これに応えたのが、川内村にある長福寺《ちょうふくじ》の当時の住職、矢内俊晃和尚だ。心平に、平伏沼への招待の手紙を送る。

そして三年後の一九五三（昭和二八）年、心平は初めて川内村を訪れる。

平伏沼で見たモリアオガエルの産卵、豊かな自然、そして温かい村民たち。川内村にすっかり魅了された心平は以後、毎年のように川内村に足を運び、村民との親交を深めた。

一九六〇（昭和三五）年、ついに心平は川内村の名誉村民の称号を贈られる。

そのお礼として、心平は蔵書三〇〇〇冊を川内村に寄贈した。この申し出を受けて、村民あげての労働奉仕により、一九六六（昭和四一）年に建てられたのが「天山《てんざん》文庫」だ。

天山文庫落成を記念して、現在も毎年七月の第一土曜日には天山祭りが開催されている。川内村はもちろん、全国から心平ファンが集まり、心平が好きな酒がふるまわれ、川内村の伝統芸能も奉納される。

モリアオガエルが結んだ詩人と村民の絆は、今なお脈々と受け継がれている。

断崖絶壁の小島、いわき市の照島に毎年五カ月間だけウが生息する理由

日本には大小さまざまな島が存在しており、その数、六八五二島にものぼる。そのうち、本州・北海道・四国・九州・沖縄本島の「本土」と呼ばれる五島を除くと、人が住んでいる有人島は四一八島。残る六四二九島は無人島だ（日本離島センターホームページより）。

都道府県別で見ると、島の数が最も多いのは、五島列島や対馬などを擁する長崎県の九七一島。続いて二位が鹿児島県の六〇五島、三位が北海道の五〇八島となる。

では、福島県はどうか。県名に「島」とつく割には(!?)島の数は少なく、たったの一三島。全都道府県中三六位である。ただし日本には、海と接していない、いわゆる「海なし県」が八県ある。実質上は、これら海なし県の数を引いた三九都道府県のうちの三六位となり、福島県はほとんど最下位に近い。福島県にある一三の島は、すべて無人島だ。

そんな中、一年のうち五カ月間という期間限定で、野鳥愛好家から熱い視線を注がれる無人島が、福島県にはある。いわき市小浜町《おばままち》にある照島《てるしま》だ。

岸から五〇〇メートルほど離れた海上にニョキッと顔を出しているこの島は、周囲約

ウが飛来する照島は小名浜港の南の照島海岸沖に浮かぶ（写真提供：一般社団法人いわき観光まちづくりビューロー）

一四〇メートル、高さ約三一メートルの小島。昔は陸続きだったが、海の浸食により離島となった。断崖絶壁のシルエットや、凝灰岩の白い岩肌が太陽光を受けて輝く姿は美しい。

島自体が国の天然記念物

この照島、人は暮らしていないが、ある生物にとって重要な棲家《すみか》となっている。その生物とは、野鳥のウ。渡り鳥であるウは、北海道や本州の太平洋岸北部の沿岸などの岩棚などで繁殖し、冬になると本州南西部に渡って来る。

この照島は実は、ウミウとヒメウの一大飛来地として知られる。毎年一〇月頃になると、照島にはウミウとヒメウが飛来し、翌年三月頃までここで越冬するのだ。体の大きなウミウは、周辺を見晴らす島の上方部、細い首や小さな顔が愛らしいヒメウは島の下方部の、ほぼ垂直に切り立つ断崖面と、生息場所を分けている。

五〇〇羽以上ともいわれる飛来数の多さから、照島は一九四五（昭和二〇）年、「照島ウ渡来地」として、国の天然記念物に指定されている。ウの飛来地として国の天然記念物に指定されているのは全国でもここ、照島だけである。しかし、そんな照島も、近年ではめっきり飛来数が減り、二〇〇八（平成二〇）年には五四羽まで激減してしまったという。

飛来数が減ったとはいえ、なぜ照島は、ウのお気に入りスポットとなっているのか。

一つには、ウミウやヒメウはそもそも、岩や石から成る海岸、岩礁海岸に生息するため。むき出しの岩肌が海に面する照島は、それだけで格好の飛来場所となる。二つ目の理由としては、海に囲まれた孤島であるため、外敵である哺乳類に襲われる心配が少ないことも挙げられるだろう。そして三つ目の理由が、餌が豊富なこと。ウは魚介類を餌としており、海に潜って魚や貝を捕まえる。その点、照島周辺は魚介類の宝庫で、餌にこと欠かない点でも魅力だ。

一度にたくさんのウを見られるとあって、飛来する時期になると小浜町にある照島を一望するスポットへ、望遠鏡を担いだ愛鳥家たちが全国から集まって来る。

第二章

近現代の福島の政治と産業の変遷

はじめは一〇県に分かれていた！紆余曲折を経て現在の福島県ができるまで

行政単位としての県ができたのは、明治時代のこと。だが、はじめから現在の四七都道府県のかたちができていたわけではない。福島県も例外ではなく、廃藩置県が実行された時点で、現在の福島県の領域に存在していた県はなんと一〇県を数える。これらの県は、どのようにしてまとまったのだろうか？

一八七一（明治四）年七月、全国の藩を廃止し、府と県を設置する廃藩置県が実行された。江戸時代までの地方分権的な政治体制から、近代の中央集権的体制へと移行した画期的な改革だった。それまで、この地域は「律令《りつりょう》制」のもとでは「陸奥国《むつのくに》」（明治初期に分割され、形式的には今も残る）であり、そこに各藩の所領が散在していた。当初設置されたのは、東京・大阪・京都の三つの府と三〇二の県。現在よりずっと細かく分かれていたのだ。その後、幾度かの統廃合を経て、現在の四七都道府県の体制ができたのである。

まず、現在の福島県を構成することになる一〇の県が成立するまでを見ていこう。江戸時代末期、現在の福島県域には、有名な会津《あいづ》藩のほか、福島藩や二本松《にほんまつ》藩、磐城平《いわきたいら》藩など

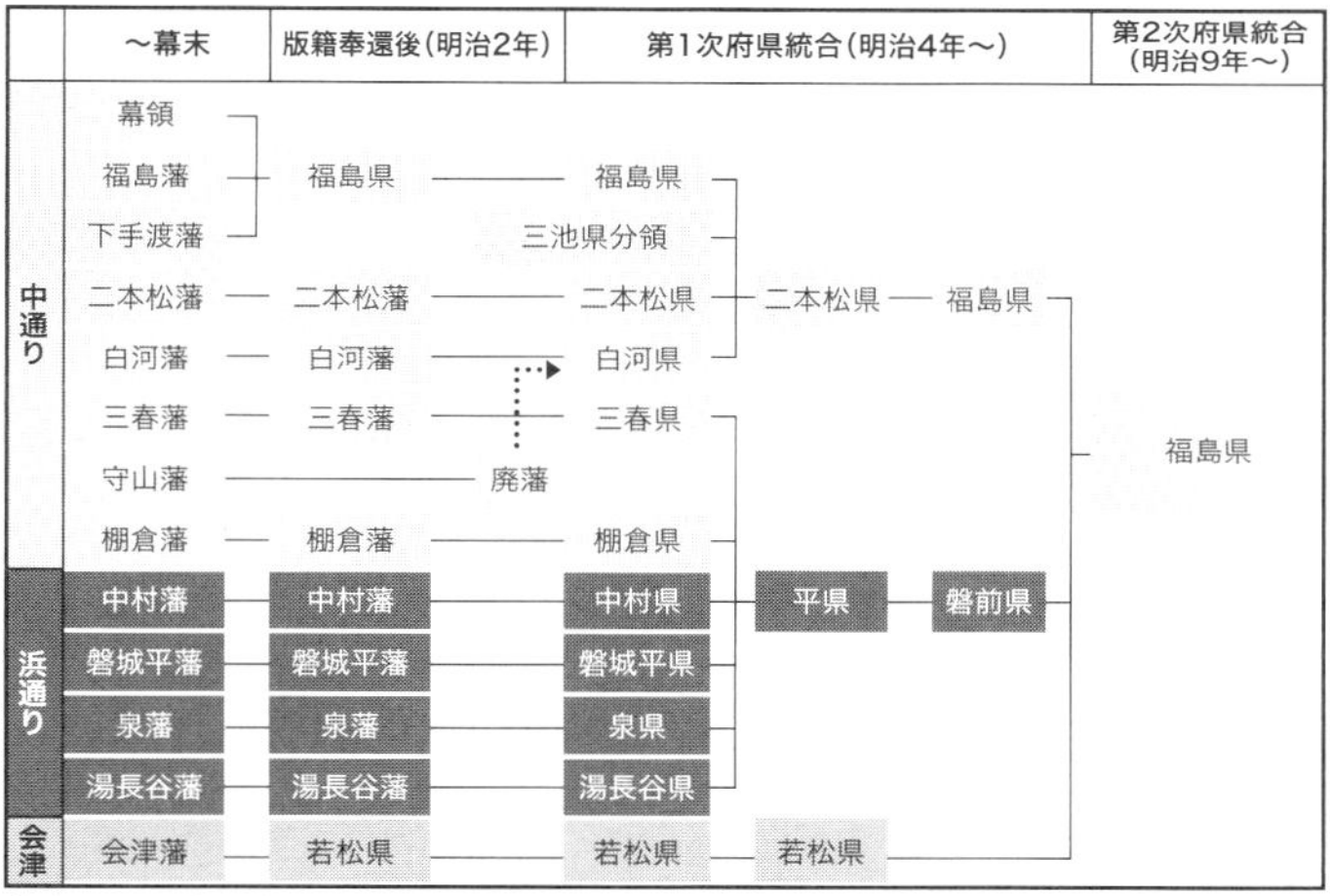

幕末から福島県成立までの統廃合の流れ

の諸藩が存在していた。一八六八(慶応四)年の戊辰戦争《ぼしんせんそう》の際、明治新政府に反対し旧幕府側に味方する東北・越後の各藩は「奥《おう》羽越列藩同盟《うえつれっぱんどうめい》」を結成して対抗した。各地で激戦が繰り広げられたが、軍備に勝る新政府軍は東北・越後の諸藩を打ち破った。

このとき、最後まで新政府軍に抵抗したのが会津藩だった。敗れた会津藩は領土を没収され、代わりに「若松《わかまつ》県」が置かれた。同じように列藩同盟に参加していた福島藩も領土没収の憂き目に遭い、その地域には「福島県」が置かれる(現在の福島県と区別するため、「第一次福島県」と呼ばれる)。

だが、すべての藩が厳しい処分を受けたわけではない。そもそも、列藩同盟は一枚岩ではなく、先に挙げた各藩もそれぞれ事情を抱えていたのだ。同盟に加わりながら新政府側に密かに恭順《きょうじゅん》の使者を送り、真っ先に裏切った三春《みはる》藩から、新政府軍と死闘を演じた二本松藩まで、戦いぶりはさまざまだった。最終的には、二本松、棚倉《たなくら》、三春、中村《なかむら》、磐城平、泉《いずみ》、湯長谷《ゆながや》の七つの藩は存続を許され、廃藩置県のときにそのまま県へと移行した。そのほかに、幕末時点で幕府の直轄《ちょっかつ》領《りょう》だった地域に「白河《しらかわ》県」が置かれている。このようにして、一〇の県は成立した。

二段階の統合を経て現在の福島県が成立

しかし、これらの県は長くは機能しなかった。一八七一（明治四）年一一月、全国で府県の統合が行われ再編された。廃藩置県が実行されてからわずか四カ月後のことだ。まず、二本松県が第一次福島県と白河県を吸収し、「福島県」と改称。そして棚倉、三春、中村、磐城平、泉、湯長谷の六つの県が統合されて「平《たいら》県」となり、一二日後に「磐前《いわさき》県」と名を改めた。若松県はそのまま存続する。これで一〇あった県は三つとなった。

そして一八七六（明治九）年八月、全国的に再び大規模な統合が行われる。この際に、福島（中通り）、磐前（浜通り）、若松（会津）の三県が統合されて、現在まで続く「福島県」となったのである。その後、一部地域が新潟県と栃木県へ移管されているが、現在の大まかな福島県の領域はこのときに定まったのだった。

明治時代に弾圧を受けた会津が不屈の精神で復活を遂げるまで

二〇一三（平成二五）年、福島などを舞台とした『八重の桜』が放映された。女性でありながら戊辰戦争で銃をとって奮戦した新島《にいじま》八重《やえ》が主人公で、戊辰戦争で敗れた会津藩の悲劇が物語の山場の一つになっていた。会津は戊辰戦争の戦場となって大きな被害を出したのみならず、明治政府と敵対してしまった過去から、近代以降も不当な扱いに甘んじなければならなかったのだ。

会津藩は明治維新当時、石高二三万石の大藩で、現在の福島県域の中でも最も発展していた地域だ。会津松平家の初代当主は、徳川家光の異母弟である保科《ほしな》正之《まさゆき》。正之は家光が臨終の席で言い遺した「徳川将軍家を頼む」との言葉に感銘を受け、「会津藩は将軍家を守るべき存在である」という戒めを子孫に残した。

第三代当主・正容《まさかた》の代に姓を「松平」に改め、名実ともに徳川一門となる。一八〇三（享和三）年には藩校である「日新館」が建てられ、藩士の子弟は武士道精神をたたき込まれた。ところが、松平家代々にわたるこの忠誠心が、戊辰戦争での会津藩の悲劇と、その後の会津の苦闘を呼んでしまった。

幕末の動乱期、会津藩主を務めたのが松平容保《まつだいらかたもり》だ。一八六二（文久二）年、彼は京都の治安維持をつかさどる京都守護職に任命された。容保は「将軍家を守る」という家訓を忠実に守り、京都における討幕派の取り締まりの任務をこなす。しかし、この働きが会津藩弾圧の原因となった。容保の取り締まりを恨んだ討幕派の薩摩藩と長州藩は、戊辰戦争で会津藩を仇敵とみなし、攻撃を加えたのだ。会津藩側は徹底抗戦の末、ついに降伏。城下町は焼け野原と化した。

会津藩の悲劇はまだ終わらない。藩主松平家の存続は許されたものの、所領は没収され、青森県の斗南藩《となみはん》に移封された。下北半島に成立した斗南藩の石高はわずか三万石、実高は七〇〇〇石程度。そこに旧会津藩士約二万人のうちおよそ一万七〇〇〇人が移住。領土の多くは厳寒・不毛の地で、移住した旧会津藩士らは過酷な生活を余儀なくされた。

明治以降も、会津は戊辰戦争で新政府に弓を引いた過去を引きずることになる。会津地方は一八六九（明治二）年に「若松県」となるが、一八七六（明治九）年に福島県、磐前県と合併、現在の福島県を構成することになった（四四ページ）。

このとき問題になったのが県庁所在地だ。合併前、旧若松県は旧福島県より人口が多かったにもかかわらず、会津を政治の中心にさせたくなかった中央政府の意向で県庁所在地は

会津藩の子弟が10歳から学んだ会津藩校日新館

福島町となった。一八八二（明治一五）年には会津三方道路の建設が始まる。会津を起点に、今の新潟県新潟市・山形県米沢市・栃木県日光市の三方面への道を造る大工事で、農民は強制徴用されるなど大きな負担を抱えた。

だが、会津の民は逆境を乗り越えて街を復興させていく。会津の人々の不屈の精神には、「日新館」での厳しい教育も根底にあったのかもしれない。

観光都市として蘇る

会津を復興に導いた功労者の一人が、初代若松市長・秋山《あきやま》清八《せいはち》（一八四八〜一九一五年）である。中央政界進出をすすめられても辞退し続け、地元会津の復興に一生をかけた人物だ。彼の功績の一例が学校の設立である。

明治の初め、会津には高等教育を受けられる施設がなかった。高等教育学校を置くことが中央から許されていなかったのだ。秋山は地元の有力者から寄付金を募り、中央の政治家にも働きかけて教育の必要性を訴えた。これらの努力が実り、一八九〇（明治二三）年に私立会津中学校を設立。現在の福島県立会津高校の前身となった。秋山は学校運営のため私財も投入し、亡くなった際には自宅のほかに財産は残っていなかったという。

戦後になると、元城下町としての歴史を活かし、史跡に恵まれた観光都市としての歩みが始まる。一九六五（昭和四〇）年には会津若松城（別名鶴ヶ城）の天守が再建され、一九八九（平成元）年には観光公社が設立された。城下町らしい歴史を感じさせる街並みも整備された。

市内を回ると、歴史ミュージアム「会津武家屋敷」や会津松平氏の庭園だった「御薬園《おやくえん》」、さらには白虎隊や野口英世ら会津ゆかりの人物の記念館など、奥深い会津の歴史に触れることができる。漆器や絵ろうそく、起き上がり小法師のような名産品も魅力の一つだ。一八九九（明治三二）年の市制施行当時は三万人だった人口は二〇一三（平成二五）年には一二万人になっている。会津は苦闘の歴史の末、国内でも有数の観光都市として復活したのだった。

福島県から新潟県へ「領土割譲」？ 県庁移転騒動から生じた意外な波紋

二〇一四（平成二六）年三月。ウクライナで親露派と親欧米派との対立が激化し、武力衝突にまで発展する中、クリミア地方は住民投票の結果ロシアへの編入を宣言した。この例だけでなく、歴史上、国同士で領土割譲《かつじょう》が行われ、国境が変わることは珍しい話ではない。だが、日本の中の県同士でも、「領土割譲」が行われたことがある。その一例が、明治時代に福島県から新潟県に「割譲」された東蒲原郡《ひがしかんばら》である。

どうしてこのようなことが起こったのだろうか？　県境が変わる理由としては、「隣県と経済的・文化的結びつきの強かった一部地域を編入した」などといった理由が思いつくだろう。しかし、このケースはそうではない。実は、この出来事は福島県の県庁所在地をめぐる騒動が引き起こした思わぬ波紋なのである。

そもそも東蒲原郡は、戦国時代から江戸時代まで越後国にありながら、会津《あいづ》藩の管轄下にあった。阿賀《あが》川（新潟県側では阿賀野川）を通じて、会津との結びつきが強かったためだ。戊辰戦争で明治新政府に対抗して敗れた会津藩は領土を没収され、会津藩の領域は若松県と名を変える。東蒲原郡もその中に入っていた。その後、一八七六（明治九）年、若松県は福島県、磐前《いわさき》県と合併し、現在の福島県となった。東蒲原郡が福島県の領域に入っているのは自然な流れだったのだ。

ところが、その後県内で起こった県庁移転騒動から、一見関係なさそうに見える東蒲原郡に問題が飛び火、この地は新潟県へ「割譲」される結果になったのである。

経緯をもう少し詳しく見てみよう。地図を見るとわかるように、福島市の位置は県の北の方に偏っている。これだと、県南部や会津・磐城《いわき》エリアが県庁から不当に遠い場所にあることになる。福島県はただでさえ面積が広いのに、交通が便利でなかった明治時代、県庁に行くのに不便であるということは住民にとって切実な問題だった。このため、一八八二（明治一五）年頃になって「県庁を福島から交通に便利な郡山《こおりやま》へ移転しよう」という運動が巻き起こったのである。

騒動の詳細は次項目（五四ページ）に譲るが、県庁移転賛成派と反対派の激しい議論の末、一八八五（明治一八）年三月の県議会で県庁移転案は可決される。

「移転可決」から一転、思わぬかたちで決着

これに慌てたのが、県庁が移転すると立場が弱くなる県北部の県会議員や有力者だった。

北部に位置する信夫《しのぶ》郡、伊達《だて》郡、相馬《そうま》郡、双葉《ふたば》郡の四つの郡は緊急に大会を開き、移転阻止に向けて動き出す。上京して中央政府高官へ必死の陳情を行ったほか、かつて福島城主であった旧福島藩主・板倉勝達《いたくらかつさと》もこの問題に関わり、県庁移転の阻止を働きかけた。

　こうした反対派の政治活動は実を結び、中央政府は県庁移転案そのものを廃案にしてしまい、県庁は福島市のままとなった。このとき、県庁を移転しないことを認めさせる条件として、「福島市から最も遠い東蒲原郡を福島県から切り離し、新潟県へ編入する」ことが決められたのである。県庁移転反対派の政治的駆け引きが引き起こした、まさかの内務省命令であった。こうして、一八八六（明治一九）年に東蒲原郡は新潟県へ編入された。

「福島対郡山」の争いから思わぬとばっちりを受けた東蒲原郡。現在このエリアは大部分が新潟県阿賀町となっているが、厳密にはその後もひとまとまりではなく、さらに一部分がほかの自治体に編入されている。割譲された地がさらに割譲されてしまったのだ。

　まず一九五五（昭和三〇）年に北蒲原郡下条《げじょう》村の一部が五泉《ごせん》市の一部へと編入され、現在に至る。そして、同三川《みかわ》村の一部が北蒲原郡安田《きたかんばらぐんやすだ》村へと編入。その後合併し、阿賀野《あがの》市の一部となった。つまり、新潟県に割譲された地域は、現在は阿賀町、五泉市、阿賀野市の三つの自治体を構成しているのだ。自治体が幾度も統廃合を経ることは珍しいことではないが、このエリアは日本でもかなり複雑な経歴を持っているといえるだろう。

人口最大で地理的にも中心の郡山はなぜ県庁所在地になれなかった？

二〇一四（平成二六）年一〇月現在、県庁所在地の福島市の人口は約二八万人。一方、郡山市は約三三万人。地理的にも郡山市の方が県の中心に位置しており、こちらの方が県庁所在地にふさわしいように思える。

実は、県民の中からもそうした意見が巻き起こり、県庁を移転しようという運動が過去に起こったことがある。しかも、移転運動は一度では終わっていない。なんと明治、大正、昭和の三度にわたって起きているのだ。

これほど活発に議論されたのに、どうして県庁移転は実現しなかったのだろうか？ その背景には、当時の政治的な力関係が存在していた。

一八七六（明治九）年、福島、磐前《いわさき》、若松《わかまつ》の三県が統合して現在の福島県が誕生し、県庁は福島市に置かれた。福島市は伝統ある城下町であり、その周辺は養蚕業《ようさんぎょう》が盛んで経済的に発展していた。だが、福島市は県の北部にあるため、遠くに居住する県民は不便を強いられることになる。交通が未発達な当時、会津《あいづ》や磐城《いわき》辺りの住民が県庁に行くには二、三日を要したという。

当初こそ、県庁の場所に異議を唱える者はいなかったが、少しずつ県庁所在地に不満が噴出してゆく。やがて、県の中央に位置し、交通が便利な郡山市に県庁を移転すべきという意見が出てきた。こうして、長きにわたる県庁移転騒動が始まったのである。

最初の移転運動は、一八八二（明治一五）年頃に起きた。生糸貿易商で地元公共事業にも協力した阿部茂兵衛《あべもへえ》ら、郡山市の有力者の呼びかけによるものだった。移転推進派は中央政府や、福島県令・三島通庸《みしまみちつね》への陳情を行い、翌年には県議会で県庁移転案が提出された。福島市から遠い地域から選出された議員たちは賛成したが、県北選出の議員たちは当然反対し、激しい論争が始まった。移転には莫大な費用がかかると抵抗する反対派と、県民の長期的な利益を優先すべきだという推進派。議論は平行線をたどった。

移転は県議会で可決されたのに……

一八八五（明治一八）年三月、議場がやじで騒然とする中で採決が行われ、移転案は三七対一六という大差で可決された。ところが、県庁の移転は実現しなかったのである。

理由は、内務省が移転案そのものを廃棄してしまったからだ。仙台に鎮台《ちんだい》（のちの陸軍の師団）が置かれており、県庁はそれに近いほうが便利であるという判断があったものと思われる。また、移転反対派の政治力もまさっていた。反対派は伊藤博文《いとうひろぶみ》や西郷従道《さいごうつぐみち》ら中央政府の高官に金品を惜しむことなく献上し、抱き込みに成功したのである。議決の年、運動を牽引《けんいん》していた阿部茂兵衛が亡くなってしまったのも、推進派にとって痛手だった。

あまりにも理不尽なかたちで挫折した県庁移転運動だが、問題はその後も再燃する。一九二四(大正一三)年、郡山は市制へと移行、この直後に二度目の移転運動が起きた。きっかけは郡制の廃止である。県と町村の間の行政区分である郡がなくなり、町村は県に直属することになった。そこで、福島市から遠い町村が不便をこうむるとして運動が起きたのだ。郡山選出の県会議員らは、会津、磐城の議員と連携して発議を行ったが、大正天皇の崩御《ほうぎょ》に伴って日本全体が自粛モードとなり、二度目の運動は立ち消えとなった。

三度目の移転運動は、一九三五（昭和一〇）年頃に起きた。伊藤武彦《いとうたけひこ》県知事が県庁舎の改築の意向を固めたことをきっかけに、郡山市長を筆頭として運動が盛り上がったが、移転実現には至らなかった。

三たびにわたる県庁移転運動の末、結局政治の中心になれなかった郡山市だが、その一方で現在の福島県の経済の中心となっている。二〇〇七（平成一九）年の商業統計によれば、福島市の小売業販売額三二〇〇億円に対し、郡山市は四二〇〇億円。経済的な勝者の座を譲ることは当分ないだろう。

鉄道ファンに愛される絶景「山都の鉄橋」の誕生秘話

郡山市から会津若松市を経由して新潟市の新津駅までを結ぶＪＲ磐越西線。会津若松駅〜新津駅の区間には、車窓から見える風景の美しさから「森と水とロマンの鉄道」という愛称がつけられている。

その中でも、鉄道ファンの間で特に有名な撮影スポットが、喜多方駅〜山都駅間にある一ノ戸川《いちのとがわ》橋梁だ。「山都の鉄橋」という通称で地元民にも親しまれている。阿賀野川水系一ノ戸川に架かる、高さ二四メートル、長さ四四五メートルに及ぶ鉄橋だ。二〇〇九（平成二一）年には橋桁部分が塗装され、見た目もレトロなものになった。ＳＬ「ばんえつ物語号」が煙を上げて渡る瞬間は絶好の撮影ポイントである。橋の上には列車の姿を遮るものがなく、非電化区間のため電線を架ける電柱もないので、通過している列車の姿をそのままレンズに収めることができるのだ。

見た目の美しさで有名なだけでなく、地元における町おこしの一環としても、「山都の鉄橋」は活用されている。定期的に夜間、橋をライトアップするイベントも行われており、

一ノ戸川に架かる通称・山都の鉄橋。建設当時のまま橋桁も石積みとなっている

昼間とは違う幻想的で美しい橋の姿を見ることができる。鉄橋を列車が通過する際の響きは、福島県が公募した音風景「うつくしまの音三〇景」にも選ばれている。

鉄橋はほかにもたくさんあるはずなのに、なぜこの橋は地元民からこれほどの愛着をもたれているのだろうか。その理由は、この鉄橋が造られた経緯によるものが大きいだろう。

難工事を経て「東洋一の鉄橋」が完成

「山都の鉄橋」は、非常に歴史が古い。橋が架けられたのは実に一〇〇年以上も前の一九〇八（明治四一）年のことだ。

当時は、こうした大規模な土木工事に国

内の技術は追いついておらず、アメリカの建設会社アメリカン・ブリッジの技術が導入された。特徴的なのは径間（橋桁の長さ）の大きいトラス橋の部分で、同社の設計によるトラス橋の構造は「ボルチモアトラス」と呼ばれるものだった。トラスとは三角形の組み合わせが連なっている橋の構造のことで、軽くて頑丈な橋を造ることが可能となる。ボルチモアトラスはその一種だ。当時の大規模橋梁で盛んに使われたが、技術の進展とともに採用されなくなり、現存している現役のボルチモアトラスの橋は「山都の鉄橋」以外には国内に三本しかない。

橋脚を造る工事は、非常に困難を極めた。橋脚は花崗岩《かこうがん》を積み上げて造られたが、近場にある山都町宮古地区などの採石場だけでは石が足りなくなり、高郷村《たかさと》（現在は喜多方市に編入されている）からトロッコで原石のまま石を運んでくることもあった。

こうした苦労もあったことから、完成したときは工事関係者だけでなく、地元民までもが涙を流して喜んだという。完成当時はその威容から「東洋一の鉄橋」と褒め称える人もいた。

「山都の鉄橋」が愛される理由には、もちろんレトロでもの珍しい外見もあるだろう。しかし、困難な工事の末に完成したことと、明治の息吹きを伝えながら今も現役で活躍していることも、愛される大きな要因といえるだろう。

国道ならぬ「酷道」一二一号は明治初期の豪腕県令の遺産

「酷道《こくどう》」という言葉をご存じだろうか？　「国道」というと立派な道路のイメージがあるが、そのイメージとはかけ離れた、狭すぎたり、急勾配だったり、曲がりくねったりしていて通行があまりにも困難で、整備が進んでいない国道を愛情をもって揶揄した言い方だ。山国である日本には、全国各地にそうした道が存在する。

その一例が、国道一二一号だ。山形県米沢市と栃木県益子町《ましこまち》を結ぶ道で、会津若松市や宇都宮市を経由する。その中でも、山形と福島の県境にあった難所が大峠《おおとうげ》を越える道路である。急勾配の斜面を上下するため、鋭く折れ曲がったカーブを連続させ、道の勾配を緩やかにした道路をつづら折れというが、その典型例がまさにここの道なのである。冬期の六カ月間は、安全のため通行止めだった。

だが、この道も過酷なばかりではない。山奥を行く道のため、秋になると車窓からは美しい紅葉も見ることができたことをつけ加えておこう。「できた」と過去形である理由は後述する。

さて、このようなすさまじい道路は、一体どのようないきさつで造られたのだろうか？　それを知るには、福島県の近代史を語るうえで外せないある人物について触れなければならない。

「土木県令」こと三島通庸

その人物とは、一八八二（明治一五）年から一八八四（明治一七）年まで福島県令《けんれい》（県令とは明治初期の県の長官のこと）を務めた三島通庸《みしまみちつね》（一八三五〜一八八八年）である。

三島といえば、大規模な土木工事を推し進め、後世につながるインフラを多く残したことで有名だ。その手腕から「土木県令」という異名もとった。しかし、土木工事を進めるにあたって地元住民の反対を徹底的に弾圧した強引なやり方から、「鬼県令」との呼び名も高い。たとえば、一八八二（明治一五）年には道路建設のために住民を強制的に徴用し、大規模な抵抗運動が起きている。

現在であれば、県政のトップである県知事は住民が選挙で選ぶ。しかし当時は、県令は中央政府から派遣されてくる役職だったため、地元の事情をくみ取らず、住民と衝突することもあったのである。

彼の功績として最も有名なのが、山形県令時代に行った「万世大路《ばんせいたいろ》」の建設だろう。山形県米沢市と福島県福島市を結ぶ道路で、現在の国道一三号の旧道である。「県の経済の発展には、まずは交通の整備が必要だ」という三島の信念の賜物《たまもの》だ。一八八一（明治一四）年当時としては並外れた長さであった県境トンネル・栗子山隧道開通式には明治天皇も訪れ、「永きにわたって人々に愛されるように」との思いを込めて「万世大路」という名を賜《たまわ》ったのである。

大峠を越える国道一二一号も、この三島の功績の一つなのである。この道がつづら折れの繰り返しになっている理由も、当時の時代背景を考えれば答えを知ることができる。この道が建設された明治時代は、馬車や荷車も有力な交通手段であった。そのため、馬車でも上り下りができる緩やかな勾配にする必要があったのだ。

そんな大峠の道路であったが、危険な上に冬期間、閉鎖されて不便であることから改良を求める声が上がる。そして、一九七四（昭和四九）年から大峠を越える新しい道路の建設が始まった。一九九二（平成四）年から、県境を越えるトンネルが完成した区間から随時開通していき、ついに二〇一〇（平成二二）年、最後に残っていた区間が開通。事業開始から数えて実に三七年目という大工事だった。

従来の峠道はその使命を完全に終え、現在は廃道となっている。国道の指定を抹消され、標識が外されたのは二〇一二（平成二四）年一〇月のことだった。

中通りの南部にはどうしてこんなに飛び地が点在している？

ある行政単位に属しながら、ほかの行政単位によって分断されてしまっている陸続きの地域のことを飛び地という。和歌山県に属しながら、奈良県と三重県に挟まれ、同一県の自治体とまったく接していない北山村が飛び地地域として有名だ。一つの自治体丸ごとが都道府県をまたいだ飛び地になっている唯一の例である。だが、市町村単位で飛び地を探してみると、全国にはかなりの数がある。

福島県の中通り南部に飛び地の集中している地域がある。矢吹町、天栄《てんえい》村、鏡石町がそれにあたる。

まず、西白河郡矢吹町の上敷面《じょうしきめん》という地域。ここは、同じ西白河郡の中島村に囲まれている。また、同じく矢吹町の馬場は、郡を越えて岩瀬郡天栄村の領域の中にある。しかも、このケースでは飛び地は二カ所にわたっている。

領域内に矢吹町の飛び地を抱えている天栄村だが、ややこしいことに天栄村の飛び地も矢吹町の領域の中にある。天栄村高林地域がそれだ。このケースでも飛び地は二カ所である。互いの領域に飛び地があるのだから「領土交換」してしまえばいいのに、と考えそうになるが、後述のように特殊な事情があるためそう簡単にはいかない。

天栄村の飛び地はもっとある。天栄村飯豊区域は須賀川市の領域内に、これまた二カ所存在している。

そして、岩瀬郡鏡石町の久米石南区域。ここは、矢吹町の領域内に一カ所飛び地となっている。

どうして、このような複雑な地図ができ上がってしまったのだろうか？　理由は、近世以降、この地域で新田開発が盛んに行われてきた歴史にある。特に、矢吹町の矢吹ヶ原開拓地は、青森県十和田市の三本木原開拓地、宮崎県川南町を中心とする川南原開拓地と並んで日本三大開拓地の一つとして数えられているように、近世以降の盛んな開発の対象になった。

新田を開墾すると、その土地は開墾した人のものになる。新田開発の結果、特定の人や自治体が所有権を持つ土地が飛び飛びになってしまった。市町村の境を決めるとき、同じ人や自治体が持っている土地が同じ市町村に所属したほうが、行政上は何かと都合がいい。そうした事情があって、特定地域にこれほど飛び地が集中してしまう結果になってしまったのだった。

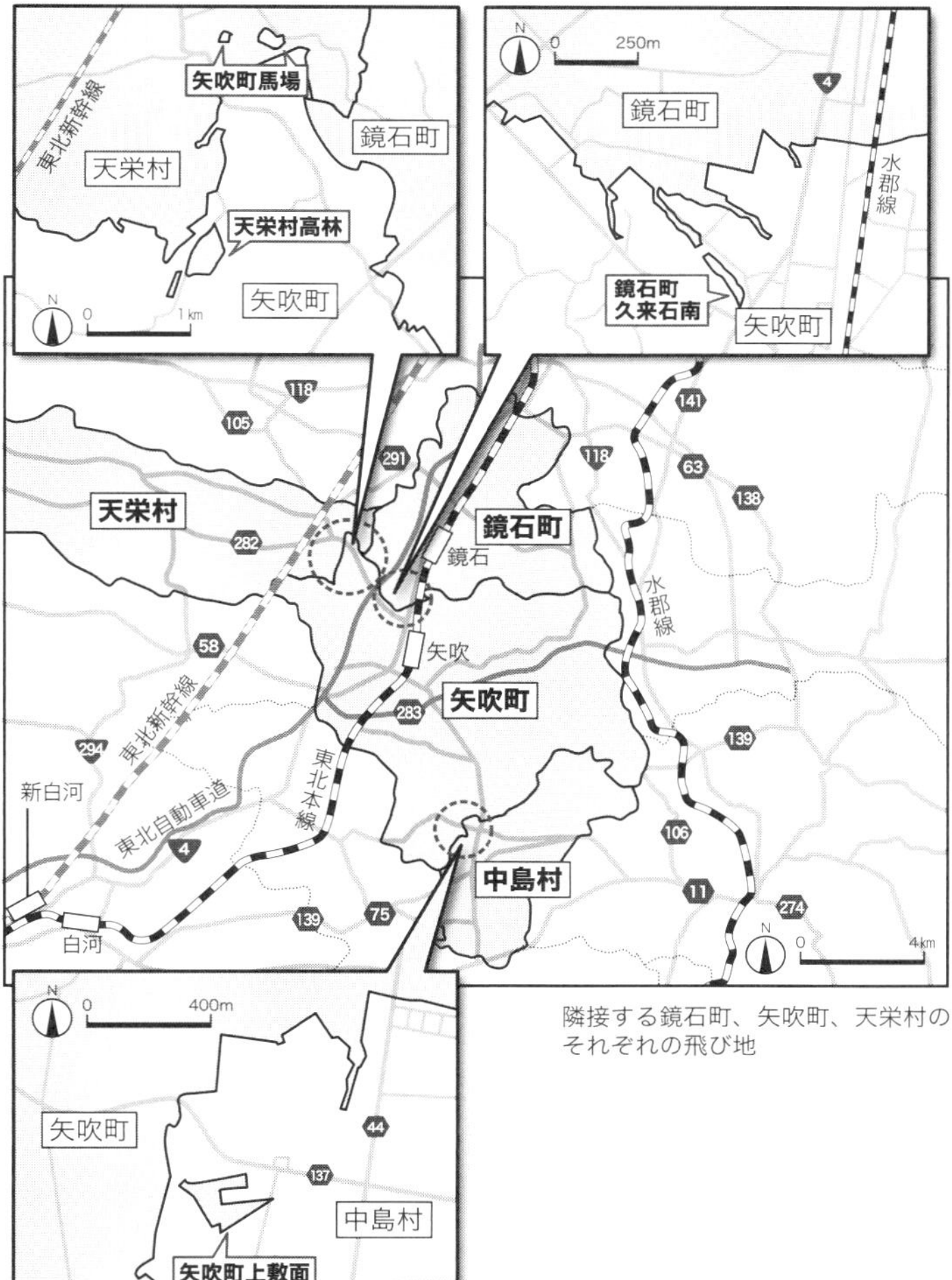

隣接する鏡石町、矢吹町、天栄村のそれぞれの飛び地

福島の二大都市は永遠のライバル？郡山市と福島市はどっちが凄い？

県庁が置かれ、県政の中心地となっている福島市。工業の発達で、県の経済的な中心地となっている郡山市。地理的に県の中心部に位置し、行き来が便利なこともあって、郡山市のほうが県庁所在地にふさわしいと過去三度にわたって県庁移転騒動が起こったこともある（五四ページ）。現在でも県庁を郡山市に移転すべきという意見をもつ人がいるくらい根深い問題だ。

県北の中心・福島市と県央の中心・郡山市……中通りの「ライバル」といっていい両者の関係だが、優位に立つのはどちらなのか。

まず、経済規模を計る重要な指標、人口を見てみよう。二〇一四（平成二六）年の福島市の人口は約二八万人。それに対して郡山市は約三三万人である。工業・サービス業が発達し、東北自動車道と磐越自動車道が交差し交通の要衝となっている郡山市のほうに分があるようだ。

では、歴史の面ではどうだろうか。福島市は城下町であり、その歴史は江戸時代以前まで遡ることができる。福島城は旧名を大仏城《だいぶつじょう》・杉目城《すぎのめじょう》といい、築城年は不明だが室町時代の一四一三（応永二〇）年にはすでに史書にその名が現れている。一五九二（文禄元）年、豊臣秀吉の家臣・木村吉清《きむらよしきよ》が「福島城」の名前に改めた。その後、江戸時代に福島城は福島藩の中心となった。明治期に入っても、福島市は養蚕業で潤い、東北地方で初めて日本銀行の支店が置かれるなど、経済的にも県の中心として発展していった。

一方、郡山市の発展は明治以降のことである。城下町として先に発展していた福島市に対し、明治までの県中央部は水利が悪く丘陵地帯は大半が原野であった。郡山は、明治初年には人口五〇〇〇人程度にすぎなかった。郡山市の転機は一八七九（明治一二）年に訪れる。国家事業としての安積《あさか》開拓が決定されたのである。猪苗代湖から一三〇キロメートルもの水路を引く安積疏水《そすい》の建設により、郡山市南部は一大穀倉地帯となり、その後の発展の契機となった。

福島市と比べると、郡山市は最近になって発展した「新参者」といえる。歴史の長さ、伝統からいけば、福島市に軍配が上がりそうだ。

各種産業から両市を比較してみると――

では、それぞれの市全体の経済規模を比べてみよう。一年間に市内で生産・提供された商品やサービスの総額である市町村内総生産がひとつの指標になる。

二〇一〇（平成二二）年の市町村内総生産は、福島市が約一兆六〇〇〇億円、郡山市が一兆三一〇〇億円。経済都市としての郡山市の優位は、数字にも表れている。郡山市が経済的に福島市に優位に立つようになっていった経緯を見るうえで、外せないのが一九六二（昭和三七）年に郡山市が「新産業都市」に指定されたことだろう。産業の立地条件と都市施設を整備することにより、その地方の開発発展の中核となるべき都市として、国からの指定を受けたのである。それ以降、京浜工業地帯の企業が進出、県中央部の経済規模は拡大傾向が続いた。

工業については、二〇一一（平成二三）年の製造品出荷額（従業員四人以上の事業所）を見てみよう。福島市は約六〇〇〇億円、郡山市は約七九〇〇億円となり、軍配は郡山市に上がる。郡山市の発展は、一八九九（明治三二）年に安積疏水を利用した水力発電所の完成がきっかけだ。

それ以後、紡績工場や化学工場が造られ、昭和初期には東北を代表する工業地域になった。一方、伝統的に養蚕業や製糸業が盛んだった福島市の工業は、日本の工業が重化学工業にシフトしていくとともに成長を鈍らせていったのである。

しかし、あらゆる産業で福島市が劣勢なわけではない。農林水産省の二〇〇五（平成一七）年の統計によれば、福島市の生産農業所得は約一九五億円。それに対し郡山市は約一八八億円。福島市は全国有数のモモの生産地であり、ナシなどの栽培も盛んだ。「果物王国」としての強みを活かすことができている福島市が優勢といえる。

では、商業についてはどうか。二〇〇七（平成一九）年のデータから、年間商品販売額を見てみよう。福島市が約八二〇〇億円、郡山市が約一兆四九〇〇億円。工業の発達とともに人口が増えた郡山市のほうが小売・卸売ともに有利である。東北・磐越自動車道や東北新幹線が通っていることも、流通面では大いに有利に働く。商業については郡山市の圧勝のようだ。

最後の指標は、都市の魅力を示す一つの視点になり得る観光業だ。二〇一二（平成二四）年の観光客入込状況を見てみよう。県内各地の観光スポットを訪れた人数を集計したものだ。ただしこれには、純粋に観光で訪れた人だけでなく、仕事などでの入込数も含まれる。福島市の観光地を訪れた延べ人数は約六三〇万人、対する郡山市は約二九〇万人。今度は福島市の圧勝である。歴史ある温泉地やフルーツ狩りができる農園などが広がっていることが大きいといえるだろう。

経済都市としての活気がある郡山市と、長い伝統から独自の魅力をもつ福島市。勝負としては、どちらも甲乙つけがたいといったところか。

利用者極少の超ローカル線只見線が廃線を免れた理由とは？

ＪＲ只見《ただみ》線は、会津若松駅から新潟県魚沼市の小出《こいで》駅を結ぶ路線だ。福島・新潟県境の山間部を走る路線であり、過疎地域を走るほかの路線と同じく、利用者数は少ない。二〇一〇（平成二二）年の平均通過人員（一日一キロメートルあたりの利用者数）は、ＪＲ東日本の全六七路線のうち六六位である（六七位の岩泉線は同年の土砂崩れ災害を機に廃止された）。全国的にも有数の「超ローカル線」であり、経営が非常に困難なことは容易に想像できるが、なぜ廃線にならないのだろうか。

只見線の走る区域は豪雪地帯で、路線と並行して走っている国道二五二号は冬の間閉鎖されてしまう。このため、只見線は福島県只見地区と新潟県魚沼地区を直接結ぶ唯一の交通手段となる。只見地区と魚沼地区が冬の間断絶するのを防ぐために路線が存続している、というわけだ。

国鉄時代末期の一九八〇（昭和五五）年、国鉄の経営改善を図るため国鉄再建法が制定された。このとき、経営の健全化のために多くの赤字路線が廃止になり、廃線や第三セク

山間を貫く只見線。紅葉の時期などは車窓から絶景を望める（現在この区間は不通）

水害のため不通となった会津川口駅〜本名駅間にある第五只見橋梁

ターに転換されたが、只見線は前述の特殊事情により存続できたのである。

只見線がなくてはならない大きな理由として、福島県立只見高校の存在を挙げておかなければならないだろう。県境に位置するため、新潟県魚沼地区からの越境通学者がいるのだ。只見高校の最寄り駅は只見線只見駅。冬の間、只見地区に行く交通手段がないと県外からは登校できない。そのため、冬期も毎日、夜明け前に除雪作業をして運行を続ける努力が図られている。超ローカル線といえど、遠く他県の学校に通う学生たちのために日々活躍しているのだ。

一方で、自然に満ちた山間を通る只見線は、車窓から見える風景の美しさでも有名だ。新緑や紅葉の季節になると、秘境の風情を求めて鉄道ファンが訪れるケースも多い。

しかし、二〇一一（平成二三）年七月に新潟県と福島県を襲った集中豪雨により、会津川口駅・会津大塩駅間の鉄橋が崩落してしまった。ほかにも路盤が流出して小出駅・会津坂下駅間の一一四キロメートルもの区間が不通となってしまった。

復旧は徐々に進められているが、二〇一四（平成二六）年現在も、会津川口・只見駅間が不通となっている。全線復旧の目途はいまだに立っていない。現在は代替バスによって利用者の交通手段は確保されているが、乗り継ぎの不便さから通勤や通学に支障をきたしている状況だ。

徒歩でしか通れない登山道が国道!?「甲子道路」開通までの二八九号

甲子道路とは、国道二八九号の通行不能区間の代替道路のことだ。建設が過酷だったこの道路、なぜ造らなければならなかったのか。

まず、着工の経緯について触れておこう。国道二八九号は、新潟県新潟市を起点として、福島県の南会津、県南地域を経て、いわき市に至る道路である。このうち、南会津郡下郷町から西白河郡西郷町までは険しい山地に阻まれ、自動車の通行が不可能となっていた。この区間を結ぶべく造られたのが、甲子道路なのである。

ちなみに、車の通れなかった時代、なんと登山道が国道に指定されていた。甲子温泉から先の登山道にはきちんと国道標識まで設けられており、国道（酷道）ファンの間では有名な存在だった（今では撤去されている）。

甲子道路の第一工区は一九九五（平成七）年に完成。長年の目標だった甲子山（標高一五四九メートル）を貫く甲子トンネルは、甲子道路の第二工区として一九九八（平成一〇）年に着工され、二〇〇八（平成二〇）年九月についに開通することになった。全長約四・三キロメートルに及ぶ、福島県で最も長いトンネルだ。
しかし、この道路は活火山である那須岳を通っているため、隆起が激しく、付近の地盤も非常に不安定だった。

不安定な地盤が生み出した珍妙な光景

甲子道路は全面開通を待たずして、さっそく試練に見舞われた。第一工区として一足先に完成していた石楠花《しゃくなげ》トンネル近辺では、二〇〇二（平成一四）年の台風の際、雨水が浸透したことから地盤が大きく歪み、トンネル内に亀裂や歪みが生じる事態となった。

当初は石楠花トンネルを補強して使う予定だったが、地盤の変形は予想以上だったため石楠花トンネルは破棄され、南側の山中を迂回する新たなトンネルが造られることになった。これに伴い、石楠花トンネルだけでなく片見トンネルを含めた約六〇〇メートルの区間は廃止となった。現在、各トンネルを結んでいた橋は撤去されている。こうして二〇〇六（平成一八）年に開通したのが新きびたきトンネル。約三〇〇メートルの旧きびたきトンネルに、約九〇〇メートルをつけ足したため、不自然な弓なりのカーブになっている。

石楠花トンネルは新きびたきトンネルに役目を譲ったことになるが、南会津方面から新きびたきトンネルに入ろうとすると、現在もコンクリートで塞がれた入口を見ることがで

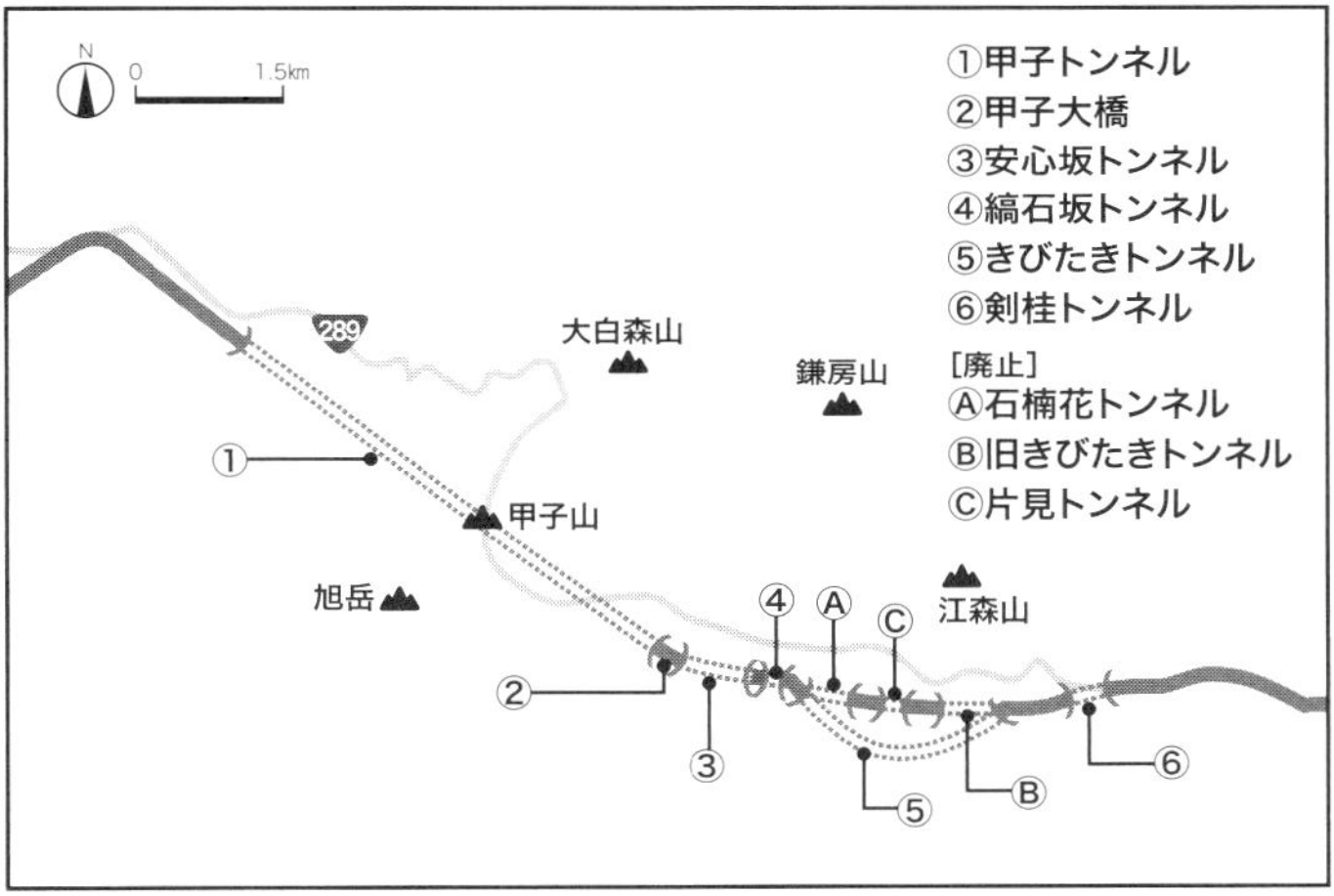

道路上にある各トンネルと国道289号の位置がわかる甲子道路周辺の地図

きる。トンネルのすぐ左横に廃トンネルがあるという、なかなか奇妙な光景だ。

しかし、地盤をめぐるトラブルは続く。開通したばかりの甲子トンネルにも、内部の路面の一部が最大で二五センチも隆起するという異常が発見されたのだ。調査の結果、土壌に含まれる鉱物「スメクタイト」が水分を吸収して膨張し、工事による地盤の強度低下などと相まって異常を起こしていることが判明。

現在も変形が進行していることを踏まえ、福島県では二〇一二（平成二四）年から「甲子トンネル技術検討委員会」を複数回開き、対策を進めている。地盤の緩さからくる甲子道路のトラブルは、しばらくは解決は望めないようだ。

炭鉱からハワイアンリゾートへ レジャー施設の裏にいわき市の歴史

二〇〇六(平成一八)年に公開され、大ヒットを記録した映画『フラガール』。この物語は、福島県のとあるリゾート施設の誕生にまつわる実話を基にしている。いわずと知れた浜通り随一の観光地「スパリゾートハワイアンズ」だ。

スパリゾートハワイアンズは、いわき市湯本にある大型総合レジャー施設だ。豊富な温泉水を活かし、大型温水プールやリゾートスパ、和風露天風呂など五つの温泉テーマパークが広がっている。「常夏の国」をイメージしており、華やかなハワイのフラダンスや情熱的なタヒチアンダンスも楽しめる。ホテルやゴルフ場もあり、いわき市の人気の観光スポットとなっている。

そんなレジャー施設を運営しているのは常磐興産《じょうばんこうさん》という会社だが、かつての社名を知って驚く人もいるかもしれない。旧社名は常磐炭鉱。福島県南部から茨城県北部一帯で、炭鉱を経営していた企業だったのである。なぜ、炭鉱開発会社がアミューズメント企業に転身したのだろうか。その歩みからは、いわき市の近現代史が見えてくる。

福島県浜通り南部から茨城県北部に広がる常磐炭田が発見されたのは明治に入ってすぐのことだった。一八七〇年代からは本格的な炭鉱開発が開始される。産出した石炭は硫黄分を多く含んでおり、あまり質の高いものではなかったが、首都圏から最も近い大規模炭田ということで開発が進められたのだ。銅を産出する日立鉱山が近くに立地していたこともプラスに働いた。こうして、いわき市は炭鉱の町として発展していった。

禍い転じて福となす

しかし、いわき市の炭鉱経営は一九五〇～一九六〇年代に入って悪化していった。安価で質の高い輸入石炭との厳しい競争にさらされたうえ、原燃料が石炭から石油へシフトし始めたからだ。苦境に立たされた常磐炭鉱が、炭鉱労働者やその家族の雇用を守るための策として考え出したのが、温泉を利用した観光産業への転身だった。

そもそも、いわき湯本温泉は道後温泉、有馬温泉とともに日本三大古湯の一つ。「湯本」というのも、平安時代からある由緒正しい地名である。その温泉と、当時の日本人が「行ってみたい外国」として憧れをもっていたハワイを結びつけ、「夢の島ハワイ」をイメージしたテーマパークにしようとしたのだ。炭鉱を掘ると温水が湧き出てしまう地質は掘削の際の悩みの種だったが、今度は皮肉にも温泉の存在に助けられることになったのだ。

常磐ハワイアンセンター時代の大プールと施設内観

一九六六（昭和四一）年、常磐ハワイアンセンターが開業。海外旅行が庶民にとってかなりの贅沢だった時代、東京方面から多数の観光客を集める。年間入場者一二〇万人を集める大成功だった。その後も施設を拡大して成長を続け、いわき市の観光業に大きく貢献した。

炭鉱業には、会社全体が家族のように一体となって事にあたる「一山一家《いちざんいっか》」という言葉がある。「一山一家」の精神のもと団結して集客努力をした従業員たちが呼び寄せた成功だった。

一九九〇（平成二）年、総事業費五〇億円をかけてリニューアルし、「スパリゾートハワイアンズ」と名称変更後も、幾多の困難を乗り越えて現在に至っている。

第二章
神話の時代から近代まで さまざまな地名の由来

福島県の「島」は山のことだった？
今はなき城が県名の由来

福島県に福島市。この「福島」という地名は、福島城という城の名前から取ったものだ。つまり、城の名前が先にできて、それが地名として現代に受け継がれていることになる。福島城は、現在の福島市にかつて存在した城だ。県庁は、その城跡に置かれている。では、この福島城の名前は、誰がどんな意味を込めてつけたのだろうか。

福島城の築城の時期や経緯は不明だが、室町時代には「大仏《だいぶつ》城」や「杉目《すぎめ》城」という名前で呼ばれていた。その理由は、近くに杉妻《すぎのめ》寺という寺があり、そこに大仏があったことからといわれる。

城の名前が、ガラリと変わって福島城になったのは一五九三（文禄二）年のこと。名づけ親は蒲生氏郷《がもううじさと》の家臣、木村吉清《きむらよしきよ》だ。

しかし、城があった場所は島ではない。それなのになぜ、「島」という字を用いたのだろうか。一説によると、確かに島ではないものの、島によく似たあるものが存在しているからだといわれる。「島」と表現されたのは、福島盆地の中央に立つ信夫山《しのぶやま》だ。福島盆地は、現在の福島市の市街地北部に広がっている。

福島盆地には湖や沼が点在している。その真ん中にそびえる信夫山は、水に囲まれた島のような存在ととらえることができる。そこで信夫山を島に見立て、そこに好字である「福」の字もつけて「福島」としたのではないだろうか。

またほかにも、福島県と新潟県の県境にある火山群、吾妻山《あづまやま》から「吾妻おろし」と呼ばれる山風が吹きつけることから、信夫山を「吹き島」と呼ぶようになり、その後、「吹き」をやはり縁起のよい「福」の字に変えて城の名前にしたとの説もある。

さてもう一つ、福島で気になる地域名が「浜通り」と「中通り」だ。

いうまでもなく、福島県は「浜通り」「中通り」「会津」という三つのエリアに区分されている。

エリアを分ける境界となっているのが阿武隈高地と奥羽山脈だ。阿武隈高地より東、太平洋側に面した地域を「浜通り」、阿武隈高地と奥羽山脈の中間を「中通り」、奥羽山脈より西側を「会津」と呼んでいる。

だが、「会津」はいいとして、不思議なのは、「浜通り」と「中通り」に含まれる「通り」という表現だ。広い範囲を示す地域名に「通り」とつくのは、全国的にも珍しいだろう。なぜ、道を表すのに使われる「通り」とつけたのか。

これは、昔の街道の存在を示していると考えられる。

前述の通り、福島県には県を東西に仕切るかのように、阿武隈高地と奥羽山脈という、二つの山地が高くそびえている。そのため、街道はこれらを避けて形成された。

浜通りは、昔は「海道《かいどう》」と呼ばれる道が、明治時代に入ると、江戸と岩沼（現在の福島県岩沼市）を結ぶ「陸前浜街道《りくぜんはまかいどう》」が整備された場所。一方の中通りは、古代は東山道、通称「中山道《なかせんどう》」と呼ばれる地域の主要な街道が通り、江戸時代には、五街道の一つで江戸と白河（現在の福島県白河市）を結ぶ「奥州道中」が通った場所だった。

『古事記』にも登場する「会津」という地名の由来

浜通り、中通りとともに福島県の三つの地域を構成する会津。「会津」という地名の由来は、遠く神話の時代にまで遡る歴史あるものだ。

地名の由来となった逸話は、『古事記』の記述に見られる。第一〇代崇神《すじん》天皇は、諸国を平定するために、四つの地方に皇族である四人の将軍を派遣した。彼らのことを四道将《しどうしょう》軍《ぐん》という。そのうち、北陸道を平定した大彦命《おおひこのみこと》と、その子供で東海道を平定した建沼河別《たけぬかわわけの》命《みこと》が最終的にこの地で出会ったことから、「相津」と呼ばれるようになり、のちに表記が変わって「会津」の地名が生まれたという。

大沼郡会津美里町《あいづみさとまち》にある伊佐須美《いさすみ》神社の縁起にも同様の逸話が残されている。合流した二人の将軍がこの地に鎮護《ちんご》国家を祈念して建てたのが伊佐須美神社であるというのだ。「会津」の由来を示す伝承は、大和朝廷がその支配領域を全国に広げていった物語の一部なのである。

崇神天皇は、実在の人物であることが有力視される最古の天皇で、一般的には大和朝廷の礎を築いた実質的な初代の天皇とされている。しかし、『古事記』や『日本書紀』に記された崇神天皇の業績は神話的な色彩も含まれている（『古事記』の記述をそのまま信じると一六八歳まで生きたことになる）ので、「会津」の由来を示すこの話も史実だったと断定はできない。それでも、七世紀の大化の改新以降に完成した律令制のもとでは、すでに陸奥国《むつのくに》会津郡として朝廷の統治下に組み込まれており、古くからの地名であることは確かだ。

会津の地名をめぐっては、地形の特徴からきたという別の説もある。そこで注目すべきなのが、「津」の字である。山間の地である会津に、港を意味する「津」の字が使われているのは一見奇妙に感じるが、地名の由来の謎を解く鍵はその点にある。

会津盆地では、阿賀川、只見川という二つの大きな川が合流している。「川が出会うところの港」から「会津」という地名がつけられたというのだ。

「二人の将軍が出会った土地だから」という『古事記』に記述された由来はかなり伝説的な性格を持っている。だが、こうした説話が生まれるということは、会津の地が東北地方の中でも早くから中央の政治的にも重要な地であったことを、よく表しているといえるだろう。

城を築き城下町を整備した名将が生みの親の地名「若松」

名城・鶴ヶ城《つるがじょう》のもとで栄えた城下町、会津若松。長い歴史を持つ街で、「若松」の名が与えられたのは安土桃山時代のことである。名づけ親は名将として知られる蒲生氏郷だ。この名前の由来には諸説あるが、有名な鶴ヶ城と縁の深い名前であるという説もある。いったいどのような関係があるのだろうか？

鎌倉時代より会津を本拠地とした葦名《あしな》氏は、戦国時代葦名盛氏《もりうじ》の代に最盛期を迎えた。しかし、葦名氏は伊達《だて》政宗《まさむね》の台頭により滅亡、会津は政宗の手中となる。だが、伊達氏の会津支配も長くは続かない。一五九〇（天正一八）年、天下の大半を手中に収めた豊臣秀吉は北条氏を討つため関東に進軍、政宗に服属を要求した。最終的に政宗は秀吉に恭順し、会津は取り上げられてしまった。

その後に会津の地に入ったのが蒲生氏郷だ。近江国出身の氏郷は、幼少から織田信長に文武の才を見込まれ、信長の娘・冬姫《ふゆひめ》をめとった。本能寺の変で信長が倒れ、天下が秀吉に移ってからも秀吉のもとで武名を馳せ、会津四二万石（のちに九二万石）という大領を与えられる。伊達氏や最上《もがみ》氏など、本心から秀吉に服従していない東北大名たちの抑えとして、実力者である氏郷が会津に配置されたかたちになる。

さて、氏郷はこれを機に、それまで黒川と呼ばれていた地を若松と改めた。氏郷の故郷である近江国蒲生郡日野（現在の滋賀県蒲生郡日野町）にあった「若松の森」にちなんでつけられたという。

だが、若松という名をめぐってはほかにもいわれがある。

まず、鶴ヶ城との関連性から名づけたという説だ。氏郷は会津に入るにあたって、七層の天守を持つ壮麗な城を建設した。そして、彼の幼名である鶴千代にちなみ、城を鶴ヶ城と名づけた。また、鶴は古くから松の木に合うとされ、よく絵に描かれるなどしていた。そのため、鶴と松の関連性から城下町を若松と名づけた、というのだ。

二つ目の説も鶴ヶ城と関連しているが、名づけの順序が逆になっている。氏郷の出世のきっかけとなったのは、一五八二（天正一〇）年に秀吉から伊勢国松ヶ島一二万石を与えられたことだった。そのため、「松」の字を縁起のいいものと考えていたのだ。伊勢松坂

2011（平成 23）年に瓦葺替修繕工事が完了し幕末の姿を取り戻した鶴ヶ城

の地名も、「松」の字と、主君・秀吉が築いた大坂城の「坂」を組み合わせて氏郷がつけたという。氏郷が新たに開発を加えた町を「若松」とした、というわけだ。そして、氏郷は松に合う鶴とも縁が深かった。幼名が鶴千代であったほか、蒲生氏の家紋が雌雄の鶴を図案にしたものだったからだ。そうして、新たに築いた城には鶴ヶ城の名を与えたという。

細部は異なるが、どちらの説も、鶴ヶ城と若松という二つの名に、深い関係があるとしている点は共通している。いずれにせよ、氏郷は北方ににらみをきかせるという使命を果たしながら、内政にも尽力した名君だった。城下町を整備し、故郷の近江国から職人や商人を呼び寄せて経済的にも発展させ、現在の会津若松の基盤を作ったのである。

ちなみに、この地は明治時代、福島県で最初に市制が敷かれ、若松市となった。現在の「会津」若松市の名前になったのは一九五五（昭和三〇）年、周辺の七つの村を編入した時である。改名の理由は、福岡県にあった若松市との混同を避けるためだった。会津若松の市制施行は一八九九（明治三二）年だが、福岡の若松市の市制施行は一九一四（大正三）年。混同を避けるために同名の市の一方が改名した事例はほかにもあるが、先に市を名乗ったほうが改名したケースは今のところ若松だけである。福岡県の若松市は合併によって北九州市となり名前はなくなったが、会津若松市の名前はそのまま現在に至っている。

美しい自然が広がる尾瀬 元々は悪い勢力＝「悪勢」と書いていた？

ミズバショウやミズゴケといった高山植物が分布し、貴重な自然が残されている尾瀬。福島・新潟・群馬の三県にまたがる湿地帯は特別天然記念物に指定されている。尾瀬を源流とする只見川は、阿賀野川水系最大の支流。急に水かさが上がるため、江戸時代には「揚川」と表記していた。会津の故事をまとめた『会津鑑』には、尾瀬沼から只見までを「揚《あげ》川」、只見から会津坂下町片門までを「只見川」、片門から下流を再び「揚川」と呼んでいたという。それが「阿賀川」となり、新潟県に入ると「阿賀野川」となる。

この「尾瀬」という地名は何が由来となっているのだろうか。文献に見られるようになったのは、江戸時代の会津藩主・保科正之《ほしなまさゆき》が一六六六（寛文六）年に編纂した『会津風土記』が最初で、このときは「小瀬」と書き表されていた。会津地方の方言で湿地のことを「オゼ」と呼んでおり、後世「小瀬」「尾瀬」の字が当てられるようになった、というのが最も有力な説だ。

しかし、歴史のロマンを感じさせる面白い伝承も存在する。平安時代末期、権勢をふるっていた平氏に対して挙兵するも敗れ、追討を受けた尾瀬大納言という人物がこの地に落ち延び、永住して尾瀬氏となった、というのだ。尾瀬大納言は、この地で戦傷のため死没した、という別バージョンもある。

ほかにも、元は「悪勢」と書いていた、という驚くような説もある。平安時代後期に奥州に勢力をもっていた安倍《あべ》氏が、一〇六二（康平五）年、前九年の役によって朝廷の軍に滅ぼされたときのことだ。この戦いで命を落とした安倍貞任《さだとう》の子がこの地に逃げ込んで盗賊となり、周囲の集落を襲ったことから「悪勢」と呼ばれ、地名となったというのだ。

また、平清盛の策謀によって配流となった藤原房利が苦難の末に尾瀬の地にたどり着き、都への帰還を夢見たが果たせず没した、という伝説もある。信憑性《しんぴょう》はともかくとして、こ

尾瀬には木道が設置されており傷つけることなく高山植物を間近で見られる

うした落人《おちうど》伝説は、古くから尾瀬の地が「秘境」として認識されてきたことを物語っている。

近代では、戊辰戦争のときに新政府軍の進攻に備え、標高一六六〇メートルの尾瀬沼のほとりの大江湿原に、会津藩が台場や塹壕などを築いている。陣地跡は今も残されている。

さて、全国的にも有名な尾瀬の自然だが、木道などの管理を東京電力が行っている、ということは意外と知られていないのではないだろうか。その発端は大正時代にまで遡る。

当時は、全国的に電力需要が急速に高まっていた。そのため、その頃発電の中心であった水力発電所の建設を進めることは、国家的な課題だった。そこで、尾瀬の豊富な水を発電に活かそうと、一九一六（大正五）年、当時の電力会社・利根発電が尾瀬の群馬県側の土地を買い取った。尾瀬の福島・新潟県側は当時も今も国有地だが、群馬県側の地域は私有地だったのだ。ちなみに、群馬と福島の県境は、尾瀬沼から流れる沼尻川に沿って決められている。沼尻川がヨッピ川と合流した後は、福島県と新潟県の境界となっている。一九二二（大正一一）年には別会社の関東水電が水利権を取得する。

しかし、場所や広さの関係で大規模な開発が必要だったのだが、関東大震災や戦争の影響で開発が進まず、また、当時から尾瀬の自然は守るべきだという声も強かった。そのため水力発電所の計画は実現しないまま、一九五一（昭和二六）年の東京電力設立時に、尾瀬の土地は前身の会社から引き継がれたのだった。そうした経緯があって、東京電力は企業の社会的責任の観点から尾瀬の自然を破壊せず、保護する方針をとったのである。現在、東京電力は尾瀬国立公園全体の約四割、特別保護地区の約七割の土地を所有している。

名峰・磐梯山と安達太良山
名前の基となった伝説とは？

「会津富士」の別名で親しまれている磐梯山と、荒涼とした火山の景観で有名な安達太良《あだたら》

志田浜から猪苗代湖越しに見る磐梯山

山。ともに日本百名山に選ばれており、福島県を代表する名峰といっていいだろう。
　磐梯山は、かつては同じ漢字表記で「いわはしやま」と読んでいた。昔、その威容から天に通じる「石の梯（いわのはしご）」にたとえられ、神様を頂上に祀《まつ》って磐梯山（いわはしやま）と呼んだのが由来だという。それが音読みされて「ばんだいさん」になったのである。
　一方の安達太良山であるが、こちらは「安達太郎《あだちたろう》」という人物にまつわる伝説が由来になっている。
　かつて、安達郡の田地《でんち》ヶ岡《がおか》を治めた安達太郎という領主がいた。この奥方は飯坂城主佐藤氏の娘で照姫といい、たいそうな美人だった。二人の間には一人息子もおり、平穏に暮らしていた。

その頃の奥州の国司は多賀城にいたが、大変な好色漢であり、国内の美女を我がものにしようと非道を重ねていた。そして照姫のことを知ると、佐藤氏に「太郎を殺して娘を自分に差し出せ」と命じたのだった。

佐藤氏は逆らうことができず無念の思いで従うことにし、病気と偽って二人を飯坂城へ招いた。しかし照姫の従者が謀略を見破り、二人に危急を知らせたので、太郎は大いに驚き、急いで照姫を連れて帰ろうとした。佐藤氏に攻撃を仕掛けられたものの、二人は命からがら逃れることができた。

しかし、田地ヶ岡はすでに国司の家来によって占領されており、やむを得ず太郎は照姫を置いて鎌倉に赴いた。そののち、太郎は都に出て国司の悪行の数々を申し立てたので、国司は流罪の処罰を受け、太郎は再び田地ヶ岡に戻り、安達の郡司となることができたのだった。

だが不運なことに、照姫は太郎は死んだものと誤解しており、自害してしまっていた。残された太郎の子は二人の忠臣に守られて山に逃れ、そののち、猪苗代に下りて元服し、安達二郎と名のった。太郎が郡司の職を二郎に譲ったのち、二郎は安達太郎を安達太郎山明神として、自分がかつて逃げ込んだ山に祀った。これが、安達太良山という名前の由来である。

山への信仰心から名がついた磐梯山。古くから伝わる伝承が由来となっている安達太良山。どちらのいわれからも、地元民の山への尊崇や愛着の念が見て取れる。

トンキャラ？　キリンテ？？
日本語らしからぬカタカナ地名

「トンキャラ」。初めてこの言葉を見聞きした人は、「いったい何のこと？」と首をひねるに違いない。外国のアニメに登場する、架空の動物みたいにも思える不思議なこの言葉、実はれっきとした福島県に実在する地名だ。

トンキャラは、正式には福島市飯坂町《いいざかまち》茂庭《もにわ》トンキャラ。飯坂といえば、古くは日本武尊《やまとたけるのみこと》が東征の際、その湯に浸かったと伝えられ、松尾芭蕉が『おくのほそ道』で訪れたことでも有名な飯坂温泉のある地だ。

トンキャラという地名は、まず、カタカナ表記である点が珍しい。ひらがな表記を用いる日本の地名はさほど少なくはない。特に平成の大合併を機に、ひらがなの地名はたくさん誕生した。しかし、カタカナ地名、それも古くから存在するものは、全国的になくはないものの、めったにお目にかかれない。さらにトンキャラという言葉の響きも、日本語離れしており、摩訶不思議である。

「トンキャラ」という現在の地名が、誕生した時期についてははっきりしている。

一八七二（明治五）年、明治政府は、地租改正と呼ばれる土地課税方法の改革を行った。その目的は、それまでの年貢を米から現金に切り替え、政府の収入の安定化を図ることだった。その際、収穫高ではなく、収穫力に応じて定められた地価に対して課税するために、土地の区割りを明確化し、新たな地名が必要となった。そこで生まれたのが、トンキャラという小字名《こあざ》である。

トンキャラの隣りには「入《いり》トンキャラ」という小字も存在するが、こちらの誕生の経緯もトンキャラと同様であると考えられる。

地名誕生のいきさつについては一応はわかったものの、やはり釈然としないものが残る。このときトンキャラを含むたくさんの小字名が誕生したが、そのほとんどが、その土地で使われていた地名をなるべくそのまま用いるなど、元の地名を活かしてつけられた。そしてその表記には、漢字を使うことが推奨されていたのだ。それなのになぜトンキャラは、漢字ではなくカタカナなのか。

当時の事情を総合的に考えてみると、古くからこの地は「とんきゃら」と呼ばれており、いざ漢字を当てようと試みたものの、この読みに対するうまい当て字が見つからず、カタカナ表記になった。そんな仮説が成り立ちそうだ。

だが、そうだとしても、まだ謎が残る。「とんきゃら」とはいったい、何を意味しているのか。

昔からある日本の地名は、地理的な特徴、神話、人々の思いなど、何かしらの意味を込めてつけられるのが普通だ。となれば「とんきゃら」にも、何かしらの意味が込められていると考えたくなるが、想像を逞しくしてみても、どうもよくわからない。

さて、トンキャラがあるのは茂庭という大字《おおあざ》内。大字の茂庭は、一九五五（昭和三〇）年に周辺の町村と合併し、飯坂町となるまでは茂庭村という村だった。その後、一九六四（昭和三九）年に福島市に編入されて、現在の住所になった。

旧茂庭村には五九の小字が存在するが、そのうちなんと、漢字を使わないものが三四もある。トンキャラと入トンキャラ以外はすべてひらがな表記だ。

小字名に漢字を使うことがよしとされた中、なぜこれほど多くのひらがな表記の地名が生まれたのか。こちらも大いなるミステリーである。

福島県にはもう一つ、やはりカタカナの、キリンテという地名もある。南会津郡桧枝岐村《ひのえまたむら》にある、やはり小字名だ。こちらもトンキャラ同様、地名の由来を知る手がかりはなく、真相は闇に包まれている。

「伊達」の本家本元は宮城県でなく福島県にある「伊達市」だった

二〇〇六（平成一八）年、旧伊達郡の五つの町が合併して「伊達市」が誕生した。地名からもわかるように、東北の戦国大名・伊達氏にゆかりのある地である。鎌倉時代、奥州合戦で功を上げた常陸入道念西《ひたちにゅうどうねんさい》がこの地域を与えられ、地名にちなんで伊達朝宗《ともむね》を名乗るようになった。朝宗を初代として、第一七代当主で、有名な戦国大名の伊達政宗を生んだ家系が生まれたのである。伊達氏ゆかりの地として、この地域の住民が「伊達」という地名に寄せる誇りと愛着は並々ならぬものがある。伊達市内の保原《ほばら》駅前には、「伊達氏発祥の地」と書かれたのぼりが立っているほどだ。

合併当時、「伊達市」という地名は北海道にも存在していたため、新市名を決める際「伊達市」の名は本来避けられてもおかしくなかったはずだ。それでも「伊達」の名前を外さなかったところにも地元民のプライドが見て取れる。

合併に参加する町が本格的な話し合いをする「法定協議会」が開かれたときは、新市名をどうするかで紛糾した。北海道にすでに伊達市があったため、「伊達市」以外という条件で新市名が公募される。「だて市」「阿武隈市」「北福島市」といった案が出たものの、「伊

合併前の五町村と平成の大合併後の伊達市

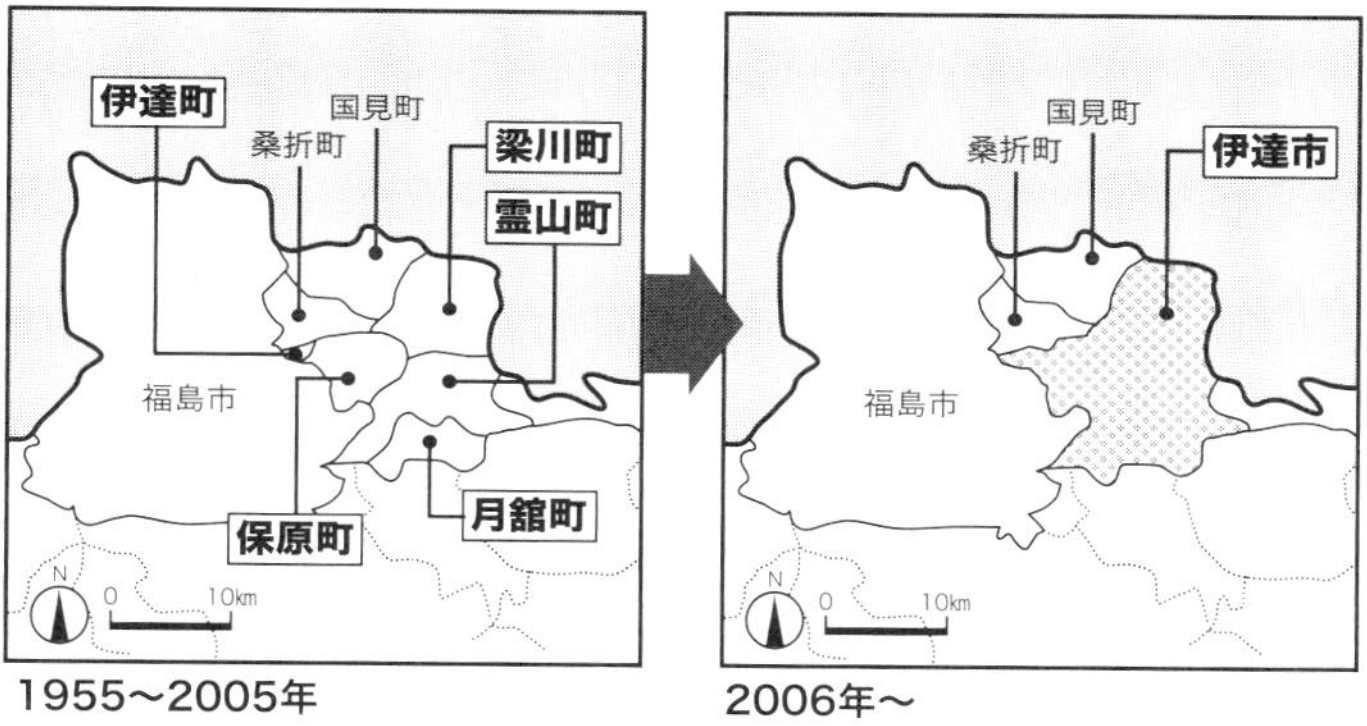

達」の名に誇りがあったのだろう、「伊達市以外」という条件を付けたにも関わらず、「伊達市」の案を送る人は大勢いたという。結局、民意ということで名称は伊達市に決まった。

ところで、旧伊達郡を構成していたのは九つの町であった。しかし、合併して伊達市となったのは伊達町《だてまち》、保原町《ほばらまち》、梁川町《やながわまち》、霊山町《りょうぜんまち》、月舘町《つきだてまち》の五つだけだった。なぜ同じ郡だった町は一つにならなかったのだろうか？

実は、合併の構想が出た初めの段階では、「伊達地方広域行政推進調査委員会」には九町すべてが参加していた。しかし本格的な協議に入る「法定協議会」に移行したとき、川俣町《かわまたまち》と飯野町《いいのまち》が離脱、福島市との合併協議会に参加することになった。住民有志による直接請求を受けての離脱だった。飯野町は二〇〇八（平成二〇）年に福島市に編入されるが、川俣町は現在も独立した自治体として残っている。

ところが、新生伊達市をめぐる騒動は終わらない。二〇〇四（平成一六）年、桑折町《こおりまち》が協議会から離脱を表明。桑折町は財政健全度が高く、旧伊達郡役所が置かれていたこともあって町内に新市庁を置くことを望んでいた。しかし、市庁が保原町に設置されることが決まってしまい、離脱という結果となってしまったのだ。この桑折町には、戦国時代に伊達稙宗《たねむね》が居城とした桑折西山城の跡があり、歴史的にも「伊達氏ゆかりの地」としてのプライドがある。伊達氏が居城を桑折西山城に移す前は、旧梁川町の梁川城を本拠地としていたという事実も、話を複雑にしている。翌年には国見町《くにみまち》が協議会を離脱。町長選で合併反対派の候補が当選したことを受けてのことだった。

こうして、紆余曲折の末にスタートした伊達市だが、市民の多くは通勤や買い物で隣接する福島市とつながりが深い。実は、福島市と旧伊達郡九町との合併論議もあったが、福島市の側から積極的に合併を求めることはなかった。今後も差し迫った問題として合併話が出ることは考えにくい。仮に福島市と伊達市が合併するとしたら、まず間違いなく市名は「福島市」となるだろう。これほど「伊達」の名前に愛を持ち、伊達市の本拠地であった地域の歴史に誇りを持っている地元民が、簡単に「伊達」の名前を捨てるとは考えにくいのである。

磐城常葉駅なのに常葉町にない！ 大正時代の鉄道建設をめぐる裏事情

いわき市と郡山市を結ぶJR磐越東線《ばんえつとうせん》の駅のひとつに、磐城常葉駅《いわきときわ》というものがある。田村市には常葉町という地名があるため、当然駅はそこにあるものと思うだろう。だが、実際の駅の所在地は田村市船引町。常葉町の中心部からは峠を隔てて四キロメートルほど離れている。なぜ、こんな奇妙なことが起きてしまったのだろうか？

実は、大正時代に現在の磐越東線の基になる路線の敷設が計画されたときには、常葉町に同駅が置かれるはずだった。しかし、三春町への物資輸送に携わっていた馬車組合と、鉄道用地のための農地提供を渋る農民たちの反対により、鉄道はやむなく常葉町を避けて敷設された。政治的な問題も反対運動の背景にあった。当時、首相の座にあったのは立憲政友会の西園寺公望《さいおんじきんもち》。しかし、常葉町の住民は地元で区長などの役職を歴任し、自由民権運動にも尽力した憲政会の河野広中《こうのひろなか》を熱烈に支持していた。当時、立憲政友会と憲政会の対立が深まってきており、憲政会の影響が強い常葉町で激しい反対運動が起きたのである。

こうした事情を受け、磐越東線は常葉町を避けるかたちで一九一七（大正六）年に全通する。しかし、常葉町民は路線が開業してから鉄道の利便性に気づき、町から最短距離の船引町今泉地区に駅の設置を請願することになった。そして、駅敷設地を町民の寄付によって賄《まかな》うことを条件に新駅が建設されたのである。

こうした経緯を経て、一九二一（大正一〇）年に磐城常葉駅が開業した。それでも、駅は常葉町の中心部から遠くあまり便利とはいえない状況だった。町民は鉄道路線を町内に引き込む運動を展開したが、実現しなかった。そこで町民有志は、常葉町中心部と磐城常葉駅を鉄道で繋ぐ計画を立て、常葉軌道株式会社を設立する。鉄道を建設し、列車を試運転するところまでこぎつけたが、結局資金繰りがうまくいかず開業直前に解散してしまった。一九三三（昭和八）年のことであった。

歌にも詠まれた勿来と白河の関　正確な場所はどこだった？

福島県浜通りの南部、茨城県との県境にある難読地名「勿来《なこそ》」。この言葉は「な来《こ》そ」、つまり古語で「来るな」という意味である。どうしてこんな否定的な意味合いの地名がつけられたのだろうか。そして、いったい誰に対して「来るな」といっているのだろうか。

この疑問を解く鍵は、関東と東北の境界という位置にある。古代に東北地方を拠点とし、大和朝廷に服属しなかった土着の人々を「蝦夷《えみし》」といい、飛鳥時代から平安時代初期までしばしば朝廷による討伐が行われた。そして、蝦夷の南下を防ぐ要衝として、この地に「勿来の関」（別名を「菊多の関」）が置かれ、人や物の出入りが厳しく監視された、というわけだ。北方の蛮族（と大和朝廷は考えていた）に対して「来るな」といっているのである。もっとも、これは伝承にすぎず、「勿来の関」は正確な場所がわかっていないどころか、存在自体も疑う声もある。

しかし、印象的な名前を持つ「勿来の関」は、古くから和歌に取り入れられてきた。「来るな」という思いを表す歌枕（和歌の題材となる名所や旧跡）として、和歌の技巧の一つとされたのだ。

こうして、勿来の関を詠んだ和歌としてもっとも有名なものが、次のものだろう。

「吹く風をなこその関と思へども道もせにちる山桜かな」

平安時代後期に東北で起きた戦乱、前九年・後三年の役で活躍した武士・源義家《みなもとのよしいえ》の歌である。「吹く風に『来るな』と思うが、道を塞ぐほどに山桜の花が散っているよ」という意味だ。このように、「なこその関」という歌枕は、季節の風情や男女の恋愛を邪魔するものに「来るな」というときなどにしばしば使われているのである。

さて、福島にはもう一つ、和歌にも詠まれた有名な関所が存在する。勿来の関は浜通りの街道から陸奥国に入るときに通らねばならない関所だが、東山道から陸奥国に入るときに通らねばならないのが「白河の関」だ。設置年代は不明だが、奈良時代にはすでに記録がある。江戸時代に松尾芭蕉が『おくのほそ道』の旅で通ったことで名高い。

この白河の関の場所については、二つの説がある。一つは白河市旗宿《はたじゅく》で、江戸時代に白河城主で老中も務めた松平定信が、ここが白河の関であるという内容の石碑を建てている。現在、白河の関跡として国指定の史跡となっているのがここだ。

もう一つの説は、旗宿から北西約四・五キロメートル離れた国道二九四号沿いの地である。この場所は福島県と栃木県の県境にあたるが、それぞれの側に神社があり、二所関明神と呼ばれている。一一八九（文治五）年の奥州合戦の時、源頼朝が白河の関を通過した際に参拝したという記録も残り、古くから国境警備の要衝だったことを偲ばせている。

かつて鹿狼山に棲んでいた神様は食いしん坊だった？

福島県と宮城県との県境にある標高四三〇メートルの鹿狼山《かろうさん》。東北地方の東側に広い領域をもつ阿武隈山地の北端にあたるこの山には、山頂には山の神様を祀る神社が建てられており、古来より人々の信仰の対象として崇《あが》められてきた。

「鹿狼山」という名前の由来として、歳を取った鹿と白い狼を連れた巨神、「手長明神《てながみょうじん》」が棲んでいたから、という伝説がある。この神は、鹿狼山の山頂に棲んでいたが、あるとき腹が減ったので、その長い手を伸ばし、太平洋の貝を採って食べた。その手長明神が貝殻を捨てたところが、山の麓にある新地貝塚だという言い伝えが残されているのだ。新地貝塚の場所は、鹿狼山の麓から東に伸びる丘陵の先端にあり、海岸までは約二キロメートル。海から遠く離れた地点に貝殻がたくさん埋まっていることを、昔の人は不思議に思ったのだろう。貝塚の一画には手長明神を祀る神社の跡もあり、一九三〇（昭和五）年に貝塚と合わせて国の史跡に指定された。

手長明神社は明治二〇年代まであったが、現在は近くの二羽渡《にわたり》神社に合祀され、石碑と案内板のみが残っている。

なお、古代の人類が貝殻や魚の骨などを捨てたゴミ捨て場が現在まで残ったものが、貝塚の正体である。貝塚は日本各地で見られるが、「手長明神」と類似のストーリーで、貝塚誕生の理由を説明している伝承は実はほかにもある。たとえば、『常陸国風土記』には、巨人が海から貝を採って貝殻を食べ散らかし、それが大串《おおぐし》貝塚（茨城県水戸市塩崎町）となったという伝承が記されている。

現在の鹿狼山は、ハイキングコースとしても人気を呼んでいる。年間を通して温暖な気候で、標高が高くない割に展望がよく、登山道も整備されているからだ。「ふくしま緑の百景」や「うつくしま百名山」にも選定されており、山の麓に広がる「片倉沢の原生林」などの美しい自然の姿に親しむことができる。毎年元旦には、初日の出を拝むための登山が行われ、県内外から登山客が集まる。山に棲んでいたというユーモラスな神様は、時代の変化をどう感じているのだろうか。

あぶくま洞、あぶくま高原道路、阿武隈高原ＳＡ 広い範囲に〝阿武隈〟があるのはなぜ？

阿武隈《あぶくま》川は、福島県から宮城県にかけて南北に流れている。長さは二三九キロメートルと、東北では北上《きたかみ》川に次いで二番目、日本全国では六番目に長い川だ。

阿武隈川の源流は、西白河郡西郷村《にしごうむら》の、標高一九一七メートルの三本槍岳《さんぼんやりだけ》。川筋は、そこからいったん東方向へ向かうが、中島村《なかじまむら》で向きを変え、中通りを北上。最後は宮城県の岩沼《いわぬま》市と亘理町《わたりちょう》の境で、太平洋の仙台湾へと流れ出る。

この阿武隈川、古来より「あぶくまがわ」、もしくは「おおくまがわ」とも呼ばれていた。漢字表記も、阿武隈川、大熊川、大隈川、合曲川と、複数のバリエーションが存在した。

平安時代に詠まれた和歌には歌枕として登場しており、この時代には読みは「あぶくまがわ」に統一されていたようだ。例えば、平安時代の貴族、藤原範永《ふじわらのりなが》は、「君にまたあぶくま川を待つべきに残り少なき我ぞかなしき」（『新古今和歌集』）と詠んでいる。

名前の由来だが、阿武隈の「隈」、もしくは古い表記で使われた「曲」という漢字は、川が蛇行した部分を指し、阿武隈川の中流～下流には、ウネウネと蛇行しているところがたくさんあるため、こうした川の形状的な特徴をとらえて命名したという説がある。

この、蛇行を表すといわれる「隈」という漢字は、福島、宮城両県の阿武隈川流域でいくつか使われている。

宮城県南部から茨城県北部にかけて広がる「阿武隈山地」は、福島県では中通りと浜通りの境目にそびえ、阿武隈川と並行して走っている。また、阿武隈山地から流れ込む多くの支流が、阿武隈川と合流している。このように、阿武隈川と密接に関係する山地であるため、川の名前をそのまま山地名とした可能性はあるだろう。

現代に入っても、「阿武隈（あぶくま）」地名は大人気だ。

一九六九（昭和四四）年に発見された、田村市にある鍾乳洞「あぶくま洞」は、阿武隈山地に位置することからこの名がつけられたようだ。

紛らわしいのが、「あぶくま高原道路」「阿武隈高原サービスエリア」「阿武隈パーキングエリア」。これらは三つとも、道路とその関連施設の名前なのだが、それぞれ存在する場所がバラバラなのだ。

あぶくま高原道路は、西白河郡矢吹町《やぶきまち》にある東北自動車道矢吹ＩＣと、田村郡小野町《おのまち》の磐越自動車道小野ＩＣを結ぶ自動車専用道路だ。二〇〇一（平成一三）年に一部区間が開通し、二〇一一（平成二三）年に全線開通した。道路の正式名称は、主要地方道・福島県道四二号矢吹小野線で、あぶくま高原道路というのは、公募により決められた愛称だ。道路は玉川ＩＣの付近で阿武隈川を越える。

「阿武隈高原サービスエリア」があるのは、前述のあぶくま洞もある田村市の常磐自動車道上。そして「阿武隈パーキングエリア」もその近くかと思えば、こちらは白河市の東北自動車道上と、まったく別の場所。白河市には阿武隈川が流れているため、阿武隈の名前をつけること自体は、違和感はない。

ほかにも「阿武隈」や「あぶくま」とつく地名や施設名が中通り周辺に存在している。そのため、県外から来た人には、いったいどこにいるのか位置がわからなくなってくる。

これは、阿武隈とつく地名には、阿武隈川と阿武隈山地の両方に由来するパターンがあることや、さらには阿武隈川と阿武隈山地のどちらも長大なため、それらにちなんだ地名も一カ所にまとまらず、あちこちに出現してしまうのだろう。

第四章
これってホントなの？・福島のビックリな秘密

会津若松一の名所・鶴ヶ城には戦後の一時期、競輪場があった！

戊辰戦争では一カ月に及ぶ激しい籠城戦をもちこたえた名城・鶴ヶ城。会津若松市を訪れた観光客が必ず足を運ぶといっても過言ではないほどの主要な観光スポットであり、市民の誇りでもある。この鶴ヶ城であるが、全国のほかの城郭ではありえない施設があったことはご存じだろうか。終戦後の一時期、なんと本丸跡が競輪場になっていたのである。

一八六八（明治元）年、鶴ヶ城は籠城戦の末、開城する。会津藩は明治政府に敵対し、敗れた側であるため、会津の人々と同様城も苦難の道をたどった。天守をはじめ多くの建物は、激しい損傷を受けたまま放置され、一八七四（明治七）年には陸軍省の通達によってすべての建物が解体された。

しかし、二〇世紀に入り、城跡保存の動きが始まる。その一方で一九一七（大正六）年には、城跡を近代公園に整備する計画が出されている。城跡の保存を目的として、一九三〇（昭和五）年には国の史跡に仮指定され、四年後に本指定となった。

こうした史跡保存の流れが変わったのは戦後のことだ。市は財政非常事態に対処するための窮余の策として、競輪場の設置を決定。その設置場所に鶴ヶ城跡が選ばれたのだった。競輪場は本丸跡に造られ、本丸内のほとんどの部分が建設の際に壊されている。一周三三三・三メートルのコースが造られ、会津競輪場と名づけられた。東北地方では最初の競輪場である。一九五〇（昭和二五）年四月八日、第一回の競輪が開催された。主催者は一貫して県というかたちであったが、収益は会津若松市と折半していた。こうして、鶴ヶ城の跡地は財政難にあえぐ市を助けるのに一役買ったのだった。

むろん、国指定の史跡を競輪場にすることが勝手にできたわけではない。国の文化財保護委員会から、五年間のみの使用という条件付きで認められていたのだった。

さて、五年間の使用満了期限が来ると、会津若松市は二年間の延長を申請し、了承される。この間に移転先を見つける前提での延長であったが見つからず、一九五六（昭和三一）年の開催を最後に、会津競輪場は休止状態となってしまった。その後、市内城東町への移転が決まり、一九五八（昭和三三）年に競輪が再開されるも、一九六三（昭和三八）年一一月一一日の開催を最後に休止（事実上の廃止）となっている。

本丸は一九六〇（昭和三五）年までに復旧され、一九六五（昭和四〇）年には天守が再建された。天守は郷土史博物館となっており、会津の歴史を今に伝えている。なお、移転後の会津競輪場の跡地は現在鶴ヶ城体育館として使用されている。

日本漫画界の巨匠・手塚治虫は会津旅にハマりたびたび訪れていた

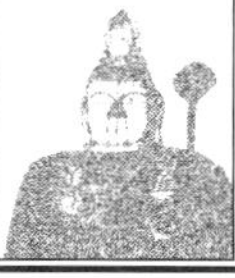

漫画家、故・手塚治虫《てづかおさむ》氏。いわずと知れた、日本の漫画界を切り開いた第一人者である。『鉄腕アトム』や『ブラック・ジャック』など、代表作を挙げればきりがなく、その功績は計り知れない。

この、漫画界に燦然《さんぜん》と輝く巨匠、なんと会津旅にハマっていた。親しい人を誘って、三度も訪れていたというから、会津の地に強く惹かれていたに違いない。

最初に手塚氏と会津を結びつけたのは、手塚氏の専属アシスタント第一号を務め、現在はアニメーション監督として活躍する、会津若松市出身の笹川《ささがわ》ひろし氏だ。

アシスタントになる前、笹川氏は、地元会津で「会津漫画研究会」を結成していた。とにかく猫の手も借りたいほど売れっ子だった手塚氏が、笹川氏のほかにも「アシスタントを増やしたい」といったとき、笹川氏は同会の仲間だった、現在はアニメ絵本作家となっている平田昭吾《ひらたしょうご》氏を推薦し、呼び寄せた。

三人のうち、二人が会津人となった仕事場は、一気に会津色が濃くなった。二人のアシスタントは会津弁で話し、会津について手塚氏に語った。

そんな環境で、手塚氏はいつしか会津に興味をもつようになったのだろう。一九五九（昭和三四）年、二人と一緒に一週間の会津旅を企てる。

現地で一行を出迎えたのは、やはり会津漫画研究会の初代会長、白井義夫《しらいよしお》氏だ。以後、手塚氏の三回にわたる会津訪問のたび、白井氏が会津のガイドを務めることとなる。

会津の名所を見て回った手塚氏一行。七日町《なのかまち》通りに現在も店を構える、一九一四（大正三）年に完成した会津初の洋風建築の店構えでも知られる白木屋漆器店《しろきやしっきてん》も訪れた。ここで会津塗を見学し、なんと工場で絵付け体験もしている。手塚氏の絵付けが素人ばなれした完成度であったことは想像に難くない。

漫画の中に会津の名所が次々登場

滞在四日目のこと。売れっ子の手塚氏は、旅先までも仕事をもって行っていた。観光を終えて宿に戻った手塚氏は、連載中だった『スリル博士』の第四話を一気に完成させる。タイトルは「博士のノイローゼ」。スリル博士が、息子のケン太と難事件に挑み、解決していくというこの漫画は、なんと会津が舞台。手塚氏が巡った会津の名所が次々登場するのだ。正真正銘、会津で描かれた、会津を舞台にした作品ということになる。

『スリル博士』の一部分。会津若松の駅や鶴ヶ城が登場している　©手塚プロダクション

例えば、今は廃止されたが、背なかあぶり山の空中ケーブルは、ケン太が大アクションで立ち回る、一番の見どころの舞台となっている。白《びゃっ》虎《こ》隊《たい》の墓がある飯《いい》盛山《もりやま》の、山頂へと続くあの長い階段では、博士とケン太めがけて大木が倒れてくるという、スリリングなシーンを展開。

この旅で手塚氏が宿泊したのは、東山温泉に今も営業を続けている「原瀧《はらたき》」という旅館の別館、すみれ館。原瀧の名物風呂・千人風呂や、実際に食事をした会津田楽の店・お秀《ひで》茶《ちゃ》屋《や》もしっかり登場している。残念ながらすみれ館と千人風呂は、宿の改装の際に取り壊され今はない。

二回目に手塚氏が会津を訪れるのは、それから一三年後の一九七二（昭和四七）年のこと。このときは、漫画家仲間二四人を引き連れての親睦旅行だった。旅行の目玉は会津の白虎祭り（現在の会津まつり）。故・やなせたかし氏や、故・馬場《ばば》のぼる氏などもいて、そうそうたる面子が会津に集結したことになる。

三回目の会津旅は、それから三年後の一九七五（昭和五〇）年。このときは、子どもたちの夏休みに合わせて計画された家族旅行だった。しかし、仕事の多忙さからなかなか出発できず、家族より遅れて手塚氏が現地の会津に駆けつけたのは二日目だった。そんな漫画顔負けの（？）ドタバタ劇もありつつ、このときは会津若松だけでなく、五色沼も訪れている。

超人気漫画家のプライベート旅行ともなれば、さぞかしお忍び色が強いのかと思いきや、自ら企画して漫画教室を開き、現地の人たちと積極的に交流を図っている。二回目の旅では、やなせ氏とともに、興徳寺《こうとくじ》というお寺の境内で漫画教室を開催した。

さらには、地元の教師やPTA、貸本屋を集めて座談会も開いている。当時、漫画は子どもによくない娯楽として、教育関係者からやり玉に挙げられていた。そんな逆風の中、手塚氏は自ら、漫画を悪くいう本人たちの正面に立ち、漫画のよさを伝えようとしたのだ。手塚氏らしい、漫画への強い愛と、常人には真似し得ないエネルギーを感じさせるエピソードである。

汗かき地蔵にあんこ地蔵
一風変わったお地蔵様の正体は？

お地蔵様といえば、涼しげな顔立ちで、そっとたたずむ姿を思い浮かべるのではなかろうか。ところが中島村の代畑《だいはた》には、その名も「代畑の汗かき地蔵」という、涼しげとは正反対、人間味あふれるネーミングのお地蔵様が存在する。

汗かき地蔵は地蔵堂の中に祀られている。座像だが、高さは約一メートル七〇センチもあり、一般的なお地蔵様に比べると破格の大きさだ。体型もずっしりしており存在感がある。背中に刻印された年号から、建立されたのは一三三五（建武二）年のようである。

不思議な名前の由来は、昔からの言い伝えによる。「何かよくないことが起こりそうなときには、お地蔵様の体から汗が噴き出す」といわれているのだ。異変を知らせてくれるお地蔵様として、「奥州汗かき地蔵」と呼ばれ、江戸時代までは大勢の人がお参りに押しかけるほどの人気を誇った。

汗かき地蔵がこの地にやって来たいきさつには複数の言い伝えが存在するが、このお地蔵様、祀られる場所を自分で決めた、との興味深い話も残されている。その伝説によれば、

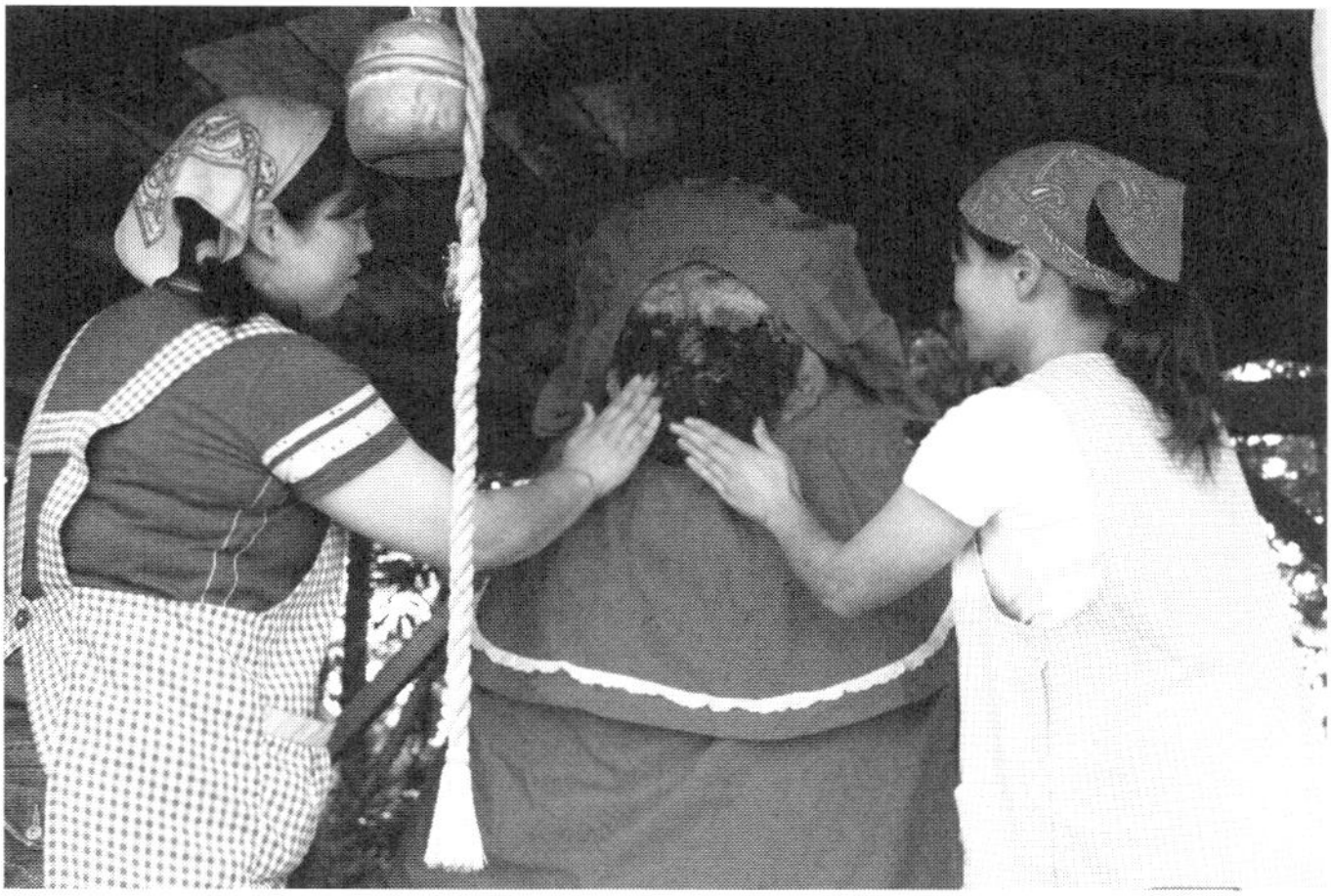

祭りで顔中をあんこだらけにされてしまう新地町のあんこ地蔵

汗かき地蔵は代畑を流れる泉川《いずみかわ》の穴にいるのを発見された。おそらくこの穴で生まれたのだという。「地域の守り神に」と、人々がお地蔵様を持ち上げて移動したところ、突然体が重くなり、その位置から動かすことができなくなってしまった。そこで人々は、「安住の地を自ら決めたのだ」と判断し、現在の場所に祀ったという。

有事の前には汗をかくといわれるようになった背景には、代畑の湿度が関係しているともいわれているが、確かなことはわかっていない。

人々に愛された和尚の好物は……

汗かき地蔵に負けないインパクト大の名

前をもつのが、相馬郡新地町《しんちまち》の小川に存在する「あんこ地蔵」。二羽渡《にわたり》神社に祀られているお地蔵様である。

毎年八月に行われる「あんこ地蔵祭り」は、知る人ぞ知る奇祭。なんとあんこをお地蔵様の口元にペタペタ塗って供養を行うという、非常に変わったお祭りだ。毎年あんこを「食べて」いるためか、お地蔵様の顔の周りはあんこ色に染まっている。

なぜこんな不思議なお祭りが開催されるようになったのか。祭りの由来は、一七〇〇年頃の元禄年間に遡る。

日本中を三度も巡った家山《かざん》という和尚《おしょう》がいた。あるとき小川を訪れた家山和尚、「水よし、食よし、気候よし」と、すっかり気に入り、この地に終《つい》の棲家《すみか》を構えることにした。気さくな人柄の家山和尚。子どもの病気を治し、感謝されることもあった。やがて和尚は年を取ると、「村人がずっと幸せに暮らせるように」と、自分の代わりとなる地蔵を石工に作らせ、地域の守り神にしてほしいと言い残し、やがて息を引き取った。

村人に慕われた家山和尚の代わりとして、お地蔵様も大切にされた。そしていつしか「あんこもちを作り、和尚の好物だったあんこの半分をお地蔵様の顔に塗り、もう半分を子どもに食べさせると湿疹が治る」と信じられるようになった。このときの風習が、「和尚の命日にあんこを地蔵の口元に塗る」という現代の祭りとなって受け継がれているのだ。

ＵＦＯと宇宙人で町おこし⁉ 不思議がいっぱいの飯野町

「ふるさと創生事業」をご記憶だろうか。故・竹下登《たけしたのぼる》氏が首相であった一九八八（昭和六三）～一九八九（平成元）年に行った、地域振興を目的に、全国の各市区町村に、一律で一億円を交付するという政策だ。

正式名称は「自ら考え自ら行う地域づくり事業」。その名の通り、お金の使い道は国はノータッチ、各自治体の自由に任せられた。そのため、一億円という大金を何に使うのか、各自治体のセンスが問われるところとなった。

最も多かったのは、観光面に投資したケース。中には、日本一大きな獅子頭《ししがしら》を作った茨城県石岡《いしおか》市や、駅舎の外壁に巨大な土偶《どぐう》をあしらった青森県木造町（現つがる市）など、度肝を抜くオブジェなどで、話題づくりにかけた自治体も少なくなかった。また、記念館や資料館といった、いわゆる箱物も数多く創設された。

一億円を投じて作られたものの中で、異彩を放っているのが、伊達郡飯野町《いいのまち》（現・福島市飯野町）に造られた「福島飯野ＵＦＯふれあい館」（創設当時は「いいのまちＵＦＯふれあい館」）だ。

その名の通り、ここはＵＦＯをテーマとする。宇宙や宇宙人、ＵＦＯに関するさまざまな資料がところ狭しと展示されている。展示品は、特注で手作りしたと思われるものも多く力作ぞろいだ。

例えば、目撃証言を基に作られたＵＦＯのモデル。目撃した人や場所が違えばＵＦＯの形状も異なり、ＵＦＯと一口にいっても、さまざまなタイプがあるのだと感心させられる。宇宙人を再現した人形もディスプレイされているが、これまた住む星により姿形も顔立ちもバラバラで、それぞれに個性を備えているのも興味深い。迫力満点の三Ｄシアターも併設されている。よく見ると、和室の畳の縁までがＵＦＯ柄だ。ここを訪れれば、誰しもいっぱしのＵＦＯ通になることができる。

「ＵＦＯ、来ーい」と呼び寄せる

同館があるのは、飯野町にそびえる山、千貫森《せんがんもり》中腹の登山口。山頂へと続く、遊歩道ならぬ「ＵＦＯ道《ゆーふぉーどう》」が整備されており、徒歩一五分ほどの気持ちのよいハイキングコースとなっている。

山頂にはＵＦＯコンタクトデッキという名前の展望台が整備されている。文字通り、Ｕ

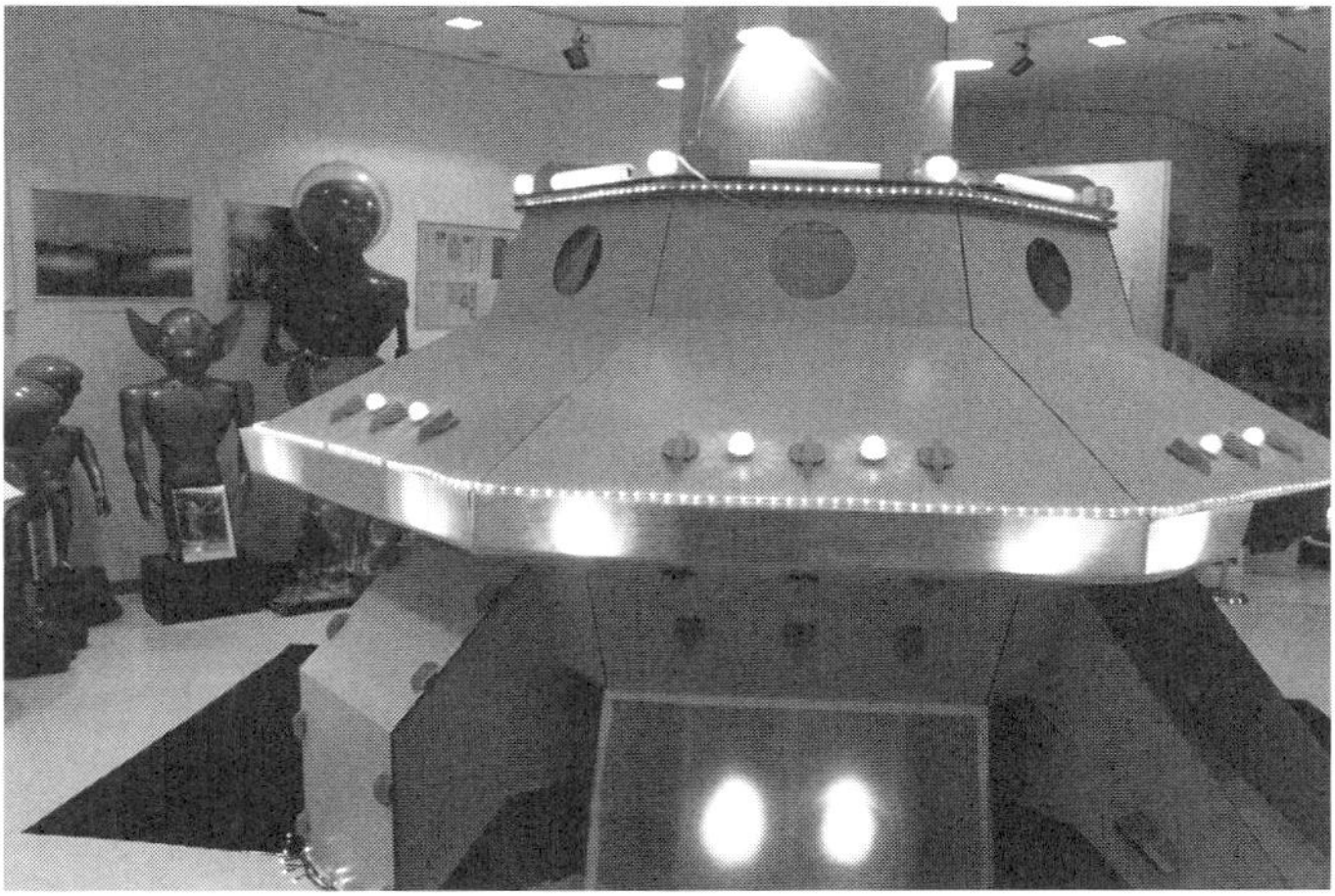

館内に展示されているＵＦＯと宇宙人の模型

千貫森の頂上に続くＵＦＯ道の入口（左）
入浴施設の休憩所の畳の縁もＵＦＯの模様が！（右）

ＦＯとコンタクトを取るための場所で、「ＵＦＯ、来ーい」と唱えてＵＦＯを呼び寄せる。こんな場所まで作ってしまう徹底ぶりを見れば、「ＵＦＯで町おこしを」との、飯野町の熱い情熱が伝わってくるようではないか。

だが、ちょっと待ってほしい。ＵＦＯといえばオカルトといってもいいような分野。そのようなテーマに自治体をあげて、真正面から取り組んでいるとはいったいどういうことか。その理由は、当時の飯野町の職員たちがオカルト好きだったから……ではない。驚くなかれ、飯野町は、ＵＦＯの目撃談が多数報告されている、れっきとした「ＵＦＯの里」なのだ。そして、ＵＦＯの里の中心となる「ＵＦＯの離着陸基地」といわれているのが、飯野町の北方にそびえる先述の千貫森である。そう考えるに足るほど、千貫森はミステリーに満ちている。

千貫森はきれいな円錐形を描き、その輪郭を遠くからでも認めることができる。かつて、奥州街道を行く旅人も目印としていたという。その特徴的な形状から、なんと、日本のピラミッドとして機能していたとの説が存在する。

千貫森の西側山中には、モアイ石や船形石などの変わった形の巨石が点在している。同じような形の石はエジプトのピラミッドでも見つかっており、あたかもこの地を守るスフィンクスのようだ。

さらに調べていくと、地質学的にも千貫森には、現代の科学では解明できない不可思議な点が現れる。

千貫森の地質は、玄武岩《げんぶがん》と玉石が赤土と混合してできているのだが、これは周辺地域の地質とはまったく異なるのだ。まるで何者かの手により、人為的に造られたかのようだという。

さらに、山頂近くの地面を蹴ってみると、ポンポンという音が響くのだとか。これは、地下が空洞になっている部分がある可能性を示唆しているのではないだろうか。もし本当だとすれば、これも人間にはなしえない仕業だろう。

千貫森に次々に浮上するミステリー。これらを読み解いていくと、「やはり千貫森は、UFOを呼び寄せる、巨大なエネルギーが蠢《うごめ》いている」と思わずにはいられない。

そして最後にもう一つ、千貫森UFO基地説を補強する、強力な仮説を紹介しよう。

千貫森には磁石の南北が定まらない場所が多数存在し、強い磁場が働いていると考えられている。そしてUFOは、磁気を動力源としているとの説がある。となれば、UFOがときどき千貫森の上空にしばしとどまり、磁気を高めていると考えるのもあながち不自然ではない。

飯野町ははたして本当にUFOの里なのか。ぜひ行って自分の目で確かめてもらいたい。

烏帽子石、宇宙岩、ヘソ石
いわき市にある奇岩奇石いろいろ

いわき市には、人の想像力を掻き立てずにはおかない「伝説の石」がいくつも存在する。その中から三つの、変わった石をご紹介しよう。

最初が、小川町《おがわまち》にある「烏帽子《えぼし》石」。

田んぼの中に、確かに烏帽子によく似た形の大きな石がある。まるでオブジェのように、なめらかな曲線美を描いている。子どもがこの石で遊ぶため、表面が白くなり、余計にツルツルしているのかもしれない。

この烏帽子石には、名前の由来になった、次のような言い伝えがある。その昔、京の朝廷に仕えるまじめな公家がいた。ところがあるとき、朝廷内で権力争いが起きる。この公家は昇進などにはまったく関心がなかったが、争いに巻き込また挙句、権力を手にした者たちから、なんと、抵抗勢力の首謀者であるとの濡れ衣を着せられてしまったのだ。このままでは裏切者として、捕まってしまう。公家は追っ手を振り切り、都から逃げることにする。あるとき田んぼの中で休んでいると、山鳥が激しく羽ばたく音が聞こえた。それを、追っ手が来たと勘違いした公家は、脱いでいた烏帽子を手にする暇もなくその場をあとにした。その烏帽子が石になり、大きくなって現在の烏帽子石になったといわれている。無実の罪で、命からがら逃げて来た公家の心情を伝える、切ないストーリーである。

山頂に突如現れる謎の大岩

次が三和町差塩《みわまちさいそ》にある「宇宙岩」だ。

小高い山の斜面に、「いわき市乾草供給センター」という市営の牧草地が広がっている。この山のてっぺんに宇宙岩は鎮座している。高さが一〇メートル、長さは五〇メートルほどもあろうかという巨大な岩である。台形を変形させたような形だ。岩の周囲には何もなく、牧草地がどこまでも広がっている。

岩の形や周りの風景が、オーストラリアの超巨大な一枚岩、ウルル（エアーズロック）を思わせることから、「いわき市のウルル（エアーズロック）」と呼ばれることもある。

この岩が宇宙岩と呼ばれるようになったのは、おそらく、不自然と思えるほどの大きな岩が、何もない場所にあるさまが唐突な印象を与えるため、「まるで宇宙から降って来たようだ」と考えた人がいるからだろう。岩にまつわる伝説は特になく、牧草地を造成する際に岩山を削ってしまった、というとても現実的な成り立ちも伝えられているが、定かで

牧草地の中にそびえる巨大な宇宙岩
（写真提供：一般社団法人いわき観光まちづくりビューロー）

宇宙岩は上に登って遠くの山々を見渡すこともできる
（写真提供：一般社団法人いわき観光まちづくりビューロー）

はない。だからこそ、「なぜ山の上に、こんな大きな岩があるのだろう」と、大いに想像力を掻き立てられる。宇宙岩に登ると、山々を見渡す眺望がすばらしく、いわき市の隠れた人気スポットとなっている。

最後にご紹介するのは「ヘソ石」。かつては永崎《ながさき》海岸の、岬の下の岩穴にあったが、いつしか行方不明となってしまった。ところが二〇一四（平成二六）年、同海岸で、なんと一〇年ぶりに発見され、地元の人々を驚かせている。

ヘソ石は、人のおへソにそっくりの形の、直径七〇センチメートルほどの球形の石だ。誰が言い出したのか、「ヘソ石が動くと嵐が起きる」などの言い伝えがあり、地元では昔から、「不思議な力を持つ石」と考えられてきた。

また、こんなエピソードも郷土史には残されている。

あるときヘソ石が千葉県に移動していた。これを誰かが家に持ち帰ったところ、辺り一帯で疫病が流行した。そこで、占いの結果に従い、永崎海岸に戻すと、疫病は治まったという。こうしたことから、「とにかくヘソ石を動かさないように」と、昭和三〇年代にセメントで、岩穴に固定していた。ところが岩の浸食が進んだことから、いつしかヘソ石の固定が緩み、冒頭の事態となってしまったわけだが……。

発見されたヘソ石は、岩穴から一〇メートルほど離れた砂の中に埋もれていたという。

四代目が今なお彫り続けている 相馬市の巨大仏・百尺観音

彫刻を施すかのように岩山や大石を彫り、形を浮かび上がらせて作る仏像を「磨崖仏《まがいぶつ》」という。通常の石仏とは違い、あくまで岸壁に凹凸を施すことで建立するため、その場所から移動したり、後ろに回って見ることはできない。日本には、国宝に指定されている大分県臼杵《うすき》市の臼杵磨崖仏をはじめ、各地に磨崖仏が存在する。

磨崖仏と一口にいっても、彫りが浅く、仏様の輪郭がうっすらと浮かび上がっているだけのものもあれば、深く掘って奥行きを出し、まるで仏様がお堂の中に安置されているように見えるものなどもある。しかし、どんな磨崖仏であれ、固い石を彫って造形するのだから、相当な根気と時間が必要になる。作り手の努力は並大抵ではないのだ。

相馬市日下石《にっけし》にも、知る人ぞ知る磨崖仏がある。名前は百尺《ひゃくしゃく》観音。非常に立体的に造形されており、背景となる岩山が、奥深く掘り下げられているのが特徴だ。まるで仏様がおわす部分を、自ら背中でググッと押したかのように、仏像を囲む岩山を深いU字状に凹ませているのだ。

岩壁と木々に囲まれた百尺観音は離れて見ても迫力満点

この百尺観音、よく見ると、形をなしているのは胸から上のみ。その下の足や台座にあたる部分はむき出しの岩肌だ。それもそのはず、この百尺観音は、現在進行形で制作中なのだ。
百尺といえばおよそ三〇メートルだが、未完成の今でもすでに八八尺（約二八メートル）ほどあり、完成すれば一一八尺（約三六メートル）になる予定だ。

「生涯一仏一体」

百尺観音の制作がスタートしたのは一九三一（昭和六）年のこと。荒義明《あらよしあき》という人物が、二三歳から六年間、全国各地の社寺や史跡、秘仏を訪ね歩く、人間修行の旅に出た。そして、「千体の仏像を作るよりも、生涯一仏一体の超巨大制作をなし、ながく後世にこれを残そう」と決意。二九歳のとき、この超巨大な磨崖仏作りに着手した。

そんな荒氏を見て、世間の人は誇大妄想狂と片づけ、まともに相手にしなかった。だが、荒氏の情熱は本物だった。来る日も来る日もコツコツと岩山に向かい、たった一人で一心不乱に磨崖仏作りに専念し続けた。

しかし、それから三二年後の一九六三（昭和三八）年、三〇余年の歳月を磨崖仏作りに捧げた荒氏は、六二歳で息を引き取った。仏像を完成にこぎつけることはできず、というか、完成にはほど遠かったのは、「生涯一仏一体」への思いがあまりに強く、プロジェクトが壮大すぎたからなのか。

あわや無念の中断かと思いきや、今度はなんと息子の保彦氏が、父の遺志を継ぐべく、つるはしを手に立ち上がった。荒氏の情熱の炎は、その息子へとしっかり受け継がれていたのだ。しかし保彦氏も完成を見ぬまま、一九七八（昭和五三）年、五三歳で他界する。

もはや、ここまでか⁉　だが、百尺観音の完成は、すでに荒家挙げての一大プロジェクトとなっていたようだ。今度は三代目の嘉道氏が、仏像作りを引き継ぐ。一時は資金不足のため制作が中断してしまう波乱もあったがなんとか乗り越え、無事再開。現在は、四代目となる陽之輔氏が、曾祖父の決意を胸に、岩山に向き合う毎日だ。

第五章
福島を代表する名物・名産・観光地

戊辰戦争で会津軍を奮い立たせた会津唐人凧は海外がルーツだった？

ギョロリとした目を見開き、口からは真っ赤な舌を出した唐人武者の顔。その武者の兜に牙を立てて、鬼が噛みついている――。会津唐人凧《あいづとうじんだこ》は、一度見たら忘れないインパクトを持つ、実にユーモラスな凧だ。

この、武者が描かれた絵柄は「べろくん出し」と呼ばれ、会津唐人凧の中で最もよく知られているものだが、ほかにも絵柄は複数存在する。いずれも使っている色の数は少なく、大胆な線で表されているのが特徴だ。

凧の形も特徴的だ。縦に長く、武者の顔にあたる部分が半分ほどを占めている。全体の長さは縦一メートルほど、大きなものだと六メートルにも及ぶ。このシンプルな絵柄の大判の凧が風に乗り、悠々と空を舞う姿は力強さに満ちている。

会津唐人凧は、江戸時代から、会津地方でよく揚げられていた。戊辰戦争で鶴ヶ城に籠城し、明治維新後は日本でキリスト教の指導者として活躍、明治学院大学を創設した井深《いぶか》梶之助《かじのすけ》。彼は会津唐人凧を揚げた少年時代を振り返り、「（前略）尾の先に刃物をつけたりしてけんかさせたものだった。凧合戦専用の勇ましい凧で、武士の子弟は、とくに唐人凧を愛好した」と書き記している。

少年たちの玩具として使われ、会津の春の風物詩となっていた会津唐人凧だが、こんな歴史的な場面でも登場している。

一八六八（明治元）年、戊辰戦争により会津軍は、鶴ヶ城での籠城戦を余儀なくされる。新政府軍に幾《いく》重にも包囲され、打ち込まれる砲弾。なすすべもなく、ただ犠牲者が増えていくのを見守るしかない日々が続いていた。

頭に噛みついた鬼と長い舌が特徴的な会津唐人凧

我慢も限界かと思われたある日、鶴ヶ城の本丸から空に向かって上がっていく物が、人々の目に入った。意表を突かれ、あっけにとられる新政府軍。それが会津唐人凧だとわかった瞬間、会津兵たちは我に返った。会津唐人凧が場の空気を変え、戦意を失いかけていた会津兵たちを励ましたのだ。

凧を揚げたのは少年で、のちに大阪市長を務める池上四郎《いけがみしろう》だったといわれている。

インドの神様がモチーフとの説も

ところでこの会津唐人凧、どう見ても日本の伝統工芸品らしからぬ絵柄や色使いである。なぜこんな凧が、会津で広まったのだろうか。

会津唐人凧誕生のいきさつについては、よくわかっていない。べろくん出しの唐人武者も武者ではなく、インド神話に登場する神様をモチーフにしているとの説もある。

ルーツを探るためのヒントは意外にも九州にある。九州でも、長崎の平戸を中心に、やはり唐人凧と呼ばれる凧が存在するのだ。

例えば平戸には、鬼洋蝶《おにようちょう》の名前で伝えられている唐人凧がある。怪物が武士の兜に噛みつく絵柄は、会津唐人凧に酷似している。五島列島にも、形、雰囲気ともに会津唐人凧によく似た、バラモン凧などの唐人凧がある。

これらの九州の唐人凧は、約四〇〇年前に宣教師やオランダ商人の手により、大陸から長崎へ伝えられたとされる。そして会津唐人凧は、この長崎の唐人凧が伝わったものであるとの説が有力だ。

ではなぜ、遠く離れた九州の地から、東北地方の会津に伝わったのか。

この謎に関しては、二つの説がある。一つは戦国大名・蒲生氏郷《がもううじさと》が会津に唐人凧を伝えたとの説だ。

蒲生氏郷といえば、領内において赤べコや会津漆器などの工芸品の生産を奨励している。また、キリシタン大名として、西洋の文化を進んで取り入れた人物でもある。さまざまな西洋の文物と一緒に、唐人凧も会津に持ち込んだ、という説は充分に信憑性を帯びてくるだろう。

もう一つの説は、足立仁十郎《あだちにじゅうろう》という人物によるというもの。当時、会津藩では高麗ニンジンを栽培し、清の国に輸出していたが、足立はその際の貿易を仕切っていた豪商である。この足立氏が、海外との貿易の窓口だった長崎を訪れた際、異国情緒あふれる唐人凧を、気の利いた土産として会津に買って帰ったのではないかという説である。

会津の人々の心に刻まれてきた会津唐人凧だが、昭和に入り安価な凧が主流となると、店頭から姿を消してしまった。しかし三〇年の空白を経て、会津若松市に店を構える竹藤民芸店の第一四代店主、鈴木英夫氏が、会津唐人凧復活に挑戦。現代の世に、会津伝統の凧を甦らせた。

会津名産の甘～い「みしらず柿」当初の栽培目的は食用ではなかった

県内全域で果物の栽培が盛んな福島県だが、柿の名産地といえば会津。名産の「みしらず柿」は、毎年皇室に献上されるほど、その品質は折り紙つきだ。

会津の厳しい寒さに耐え成熟するみしらず柿は、トロリとした果肉を噛むと、上質な甘さが口いっぱいに広がる。

だが意外にもみしらず柿は、品種の分類上は、甘柿ではなく渋柿だ。だからそのままでは渋くて食べられない。そこで出荷前に生産農家が、わざわざ渋抜きを行っているのだ。昔ながらの渋抜きの方法は、アルコール度数三五度の焼酎を、収穫した柿に吹きかけて密閉する。その状態で置いておくと、五～一〇日ほどで自然と渋が抜ける。ただし現代では、エチレンガスを使う場合もある。

さて、このみしらず柿、漢字では「身不知柿」と表記される。一風変わった名前だが、なぜこの名前で呼ばれるようになったかについては諸説ある。

一つ目は、みしらず柿を時の将軍に献上したところ、「未《いま》だ斯《かか》る美味の柿を知らず」と、そのおいしさに感動したことからという説。

二つ目は、「枝が折れてしまうのでは」と心配になるほど、一本の木にたわわに大粒の実をならすため、「身のほど知らずな柿」との意味からつけられたという説。事実、鈴なりという言葉にふさわしく、枝に数えきれないほどの実をいっせいにならす光景は、会津の秋の風物詩だ。

三つ目は、あまりにおいしくて、つい我を忘れ、「身のほど知らず」にたくさん食べてしまうからという説だ。

どれが正しいにせよ、みしらず柿の魅力を巧みに表現した秀逸なネーミングである。

中国から持ち帰った苗木がルーツ

みしらず柿のルーツは天正年間（一五七三～一五九二年）に遡る。現在の二本松市の小《お》浜《ばま》一帯を治めていた大内氏は、西念寺《さいねんじ》という寺の夕安和尚を中国に派遣し、留学させた。和尚は帰国の際、現地の柿の苗数本を持ち帰って、小浜の地で栽培した。これがみしらず柿の始まりとされており、このエピソードからみしらず柿を、別名、「西念寺柿」と呼んでいた。ただし、夕安和尚が持ち帰った柿には、甘柿と渋柿の両方があった。

一六世紀末、伊達政宗に攻められた大内定綱《おおうちさだつな》は、小浜から会津へ亡命する。このとき大内氏は、夕安和尚が広めた柿の苗を会津に持ち込んだ。

ところが植えてみたけれども、甘柿はやがて絶えてしまった。一方の渋柿は、会津の風土にピッタリと合い、頼もしいほどの成長を遂げていった。

渋柿の植栽に成功したことで、会津では柿の栽培が盛んとなった。ただし当時は、食用よりも、漆器の下地など加工用の材料として作られていた。

柿独特の渋味を作っているのは、柿に含まれている「柿タンニン」と呼ばれる成分。この柿タンニンをたっぷり含む渋柿品種の、まだ熟していない実から搾汁《さくじゅう》した汁を発酵させて作ったものを「柿渋《かきしぶ》」という。柿渋には防水作用があることから、唐傘や雨合羽などに塗って染み込ませた。そのため雨の日には、会津の街角では柿渋の香りがふわりと鼻先に漂った。

また、阿賀《あが》川を中心に行われていた川網漁では、魚を獲る網に柿渋を塗って、網のもちを良くしていた。柿渋は日常生活だけでなく、工芸品作りにおいても活躍した。喜多方で生まれ、人気を博した染型紙、会津型紙では、型の絵を和紙や木綿に写す染料として、柿渋が不可欠だった。

甘柿と渋柿の両方が持ち込まれたにもかかわらず、渋柿が残ったことで、会津における柿栽培がこれほど花開いたと考えると、偶然の不思議さに思いを馳せずにはいられない。

中ノ沢のこけし「たこ坊主」なぜギョロ目に赤ら顔なのか？

東北の伝統工芸として古くから愛されてきたこけし。頭と真っ直ぐな胴からなるシンプルな形と、素朴な顔立ちが愛らしい。

こけしを最初に作ったのは、木地師《きじし》と呼ばれる人々だ。木地師とは、ろくろを使い、木で盆や椀を作る職人のこと。

ここで木地師のルーツについて触れておこう。木地師発祥の地は、元々は滋賀県東近江《ひがしおうみ》市の君《きみ》ケ《が》畑町《はたちょう》・蛭谷町《ひるたにちょう》にまたがる地域。皇位継承に敗れ、この地でひっそり暮らしていた、文徳《もんとく》天皇の第一皇子の惟喬《これたか》親王が、ろくろの技術を伝えたことが木地師誕生のルーツだといわれている。この地から、木地師たちはやがて日本各地へと散らばっていき、福島にもやって来たと考えられている。

木地師や、先祖が木地師である人は、小椋《おぐら》や大蔵《おおくら》の姓が多い。一族内で結婚するケースも多く、同じ姓が増えていったのだろう。会津には今も、小椋姓の木地師がたくさん住んでいる。

中ノ沢温泉で今も受け継がれているたこ坊主（写真提供：磯川こけし工房）

余談だが、シンガーソングライターの小《お》椋佳《ぐらけい》氏は、一九六五（昭和四〇）年の学生時代に耶麻郡北塩原村早稲沢の民宿に滞在したところ、早稲沢地区の民宿ほとんどの名前が小椋だったことから芸名とした。その縁で小椋氏は現在、北塩原村の「裏磐梯観光大使」を務めており、二〇一四（平成二六）年には「村の歌」を提供している。

さて、日本各地で活躍するようになった木地師たちは、初めは、材料となる木を求め、山から山へと移動していた。やがて、湯治場の近くで暮らす者が出てきた。そこで思いついたのは、盆や椀を売るかたわら、子ども用の玩具を作り、湯治客に子どもの土産物として買ってもらうこと。これがこけしの始まりだ。

東北の温泉地が、こけしの産地となっているのはそのためだ。福島県なら土湯《つちゆ》温泉、飯坂《いいざか》温泉などがある。

生みの親は木地師兼芸人として大活躍

こけしは産地により、顔や胴に描かれる模様などが少しずつ異なっている。そんな中、ひと際異彩を放つこけしが存在する。耶麻郡猪苗代町《いなわしろまち》の中ノ沢《なかのさわ》温泉で作られている、その名も「たこ坊主」。

名前も変わっているが、その顔立ちも、ギョロリとした目に赤い隈取り、大きな鼻という、おおよそこけしらしくない。普通のこけしが童女なら、こちらは腕白小僧といった感じか。決して整った顔立ちではないものの、人間味があり、見るほどに親しみがわいてくる不思議な魅力をたたえている。

それにしても、いったい誰が、こんな顔のこけしを考え出したのか。

たこ坊主の生みの親は、岩本善吉《いわもとぜんきち》という人物だ。

善吉は一八七七（明治一〇）年、栃木県生まれ。木地師として働く一方、市川舛次《いちかわますじ》の芸名をもち、芸人としても人気を博したユニークな人物だった。舞踏に座敷芸に曲芸もこなす芸達者ぶりで、巡業で各地を回るうち、やがて中ノ沢に住みそのまま腰を落ち着けるようになった。

中ノ沢に居を定めた理由は、木地師として温泉地でこけしなどを作って売ることができる一方、温泉街として賑わうこの地なら、芸人としての活躍の場も多い、善吉にとって理想的な場所だったからだと考えられる。

そして、ここ中ノ沢で善吉が作っていたのがたこ坊主である。

型破りなたこ坊主の秘密を解く手がかりは、一枚の絵ハガキに隠されている。中ノ沢温泉の土産物として売られていたこのハガキには、逆立ちをし、両脚の間に張り子のお面を挟んで踊る、「逆さカッポレ」を披露する善吉の写真が印刷されている。バカバカしくも愉快なこの芸は、善吉の十八番だったのだが、この張り子の顔が、ギョロ目に隈取りと、こけしのたこ坊主にそっくりなのだ。

つまり善吉は、自分の芸にヒントを得てこけしの顔を考案したということになる。見る人を楽しい気持ちにさせてくれる異色のこけし・たこ坊主は、木地師と芸人、二つの顔をもつ善吉だからこそ作ることができたものなのだ。

善吉亡きあと、次男の芳蔵《よしぞう》がたこ坊主を復元。それにより、たこ坊主作りが現代に受け継がれることとなった。今も中ノ沢の名物としてたこ坊主は作り続けられ、地元の人や観光客に親しまれている。

太縮れ麺が特徴の喜多方ラーメン
元々は細麺だったって本当？

今や日本の国民食となったラーメン。全国各地のご当地ラーメンにも熱い注目が集まっている。ラーメン好きな日本人の心と胃袋をガッチリ掴むべく、各地の自治体が、「おらが町」自慢の一杯を広くアピール。町おこしに力を注いでいる。

そんなご当地ラーメンの火つけ役ともいえるのが「喜多方ラーメン」。札幌、博多と並び、日本三大ラーメンとも称される人気ぶりだ。ラーメン目当ての観光客をもてなそうと、人口五万人余り（二〇一四年一一月現在）の喜多方市に、なんと約一二〇軒ものラーメン店がひしめいている。

ちなみに、ラーメンにもつけられている「喜多方」の地名だが、若松の北に位置することから「北方」と呼ばれていたものが、縁起を担いで「喜多方」になったのだという。

喜多方ラーメンといえば、「平打ち熟成多加水麺」と呼ばれる麺が特徴的だ。水を多く含ませ、じっくり寝かせて作られる麺は、幅約三ミリメートルの太めの縮れ麺。これがスープとよく絡み、麺をするとスープも同時に口に入ってくる。そのためなのだろうか、喜多方の人はその昔、ラーメンを食べるのにレンゲは使わなかったという。スープは、醤油ベースが基本だが、店によって塩や味噌などバリエーション豊富だ。

喜多方ラーメンから派生した、ユニークなB級グルメも飛び出している。

その代表格が「喜多方ラーメンバーガー」。麺をバンズの形に焼き固め、メンマやネギ、ナルトなどを挟み、とろみをつけた醤油ベースのラーメンのスープを塗った一品だ。もう一つ人気なのが、「喜多方ラーメン丼」。ラーメンのスープの風味のご飯の上に、チャーシューやナルト、メンマなどのラーメンの具材が載った丼だ。同様に、喜多方ラーメンの素材を丸ごと活かした、喜多方ラーメンピザや、喜多方ら〜メンチなんていうのもある。

喜多方市のラーメン文化の独自性を感じさせるのが「朝ラー」だ。文字通り、朝からラーメンを食べることを指す。なんと喜多方では、朝からラーメンを食べることはごく普通。このユニークな習慣を広く知ってもらいたいと、現在、約七店舗ほどが早朝から店を開け、朝ラーを体験したい客を受け入れている。

朝ラー発祥のいきさつについては諸説ある。「三交替制の工場で働いていた人たちが、夜勤明けにラーメン店に立ち寄った」「朝早く農作業に出た農家の人が、ひと仕事終えてラーメンを食べに行った」「冬、出稼ぎから夜行列車で帰って来た人たちが体を温めるため、家に帰る前にラーメン店に行った」など。

喜多方ラーメンの元祖といわれる源来軒のラーメン(上)と変わりダネのラーメンバーガー(下)

どの説が正しいのかはわからないが、厳しい冬の寒さに耐える喜多方の人たちにとって、心も体も温めてくれるラーメンは、昔から身近な食べ物だったのだろう。

麺がのびてもうまいと評判に

もはや喜多方を語るになくてはならない喜多方ラーメン。会津若松では大正時代にすでに三角屋《さんかくや》食堂が開業していたが、喜多方でその元祖となる店がＪＲ喜多方駅近くにある「源来軒《げんらいけん》」である。藩欽星《ばんきんせい》氏が創業し、現在は二代目が伝統の味を受け継いでいる、九〇年近い歴史をもつ店だ。

中国の浙江《せっこう》省生まれの藩氏は、若くして両親に先立たれ、一九二五（大正一四）年、一九歳のときに来日する。長崎と横浜で土木作業員として働いたのち、現在の喜多方市熱塩加納町にあった加納《かのう》鉱山で働いていた叔父を訪ねてやって来て、苦労の末、ようやく喜多方で巡り会った。

藩氏はこの地で、祖国の食べ物である中華麺を打ち、屋台で売り歩くことにする。二年間ほどチャルメラを吹き、屋台を引いて生計を立てたあと、一九二六（昭和元）年に店舗を構えた。この藩氏が作ったのが、喜多方ラーメンの始まりである。

さて、喜多方ラーメンの特徴が、太め縮れ麺であることは前述した通りである。しかし、藩氏が最初に打っていたのは、現在の麺とはまったく異なる細麺だった。

ではなぜ細麺が、固めの太麺へと変わっていったのか。

藩氏のラーメンは評判を呼んだが、中でも出前は注文が絶えないほどの人気ぶりだった。というのも、かん水を少量しか使わず、力を込めて手打ちする藩氏の作る麺は、遠方まで出前をしてのびても、切れることがなかったからだ。

さらには出前のラーメンが残っても、その翌日には麺がワンタンのように膨らみ、味がしみ込んでうまいとの声が聞かれるように。前日のラーメンの残りに湯を足し、野菜を入れて煮込んで食べるという、通常のラーメンでは考えられないような独自の食べ方を楽しむ人まで現れた。

遠くても出前を取ってくれるお客さんや、煮込み料理で二度楽しみたい人の思いに応えるには、細麺よりもより切れにくく、味をたっぷり吸うことで時間が経ってもうまい太麺の方が適している。藩氏はそう考えたのだろうか、細麺から太麺となり、それが今日の喜多方ラーメンのスタンダードとなったというわけだ。

当時の日本は、中国人への差別や偏見も強かった。そんな中、地域に溶け込み、お客さんに喜んでもらいたいとの思いが、今なお大勢の人に愛され続ける喜多方ラーメンを生んだのだ。

福島を代表する精鋭が勢揃い！「ふくしまイレブン」って何？

東北地方は、関東や九州と並び、農業が盛んなエリアだ。その理由は、農地が多く水が豊富なことや、気候が涼しく野菜などの栽培に適していること、また、交通機関が発達したことで、東京などの大規模な消費地に短時間で農作物を運送できるようになったことなどが挙げられる。

その中でも福島県は、日本トップクラスの農業県だ。現在、福島県の農業就業人口は、人口一〇〇人あたり六・四六人で、これは全国第六位（二〇〇五年調べ）。生産した米に占める一等米の比率は八九・八二パーセントで六位（二〇〇八年調べ）と、稲作技術の高さもうかがえる。

そんな農業県・福島から飛び出した、元気いっぱいのキャラクターが密かな話題を集めている。名づけて「ふくしまイレブン」。福島県により二〇一〇（平成二二）年に結成されたサッカーチームだ。

しかし、サッカーチームといってもJリーグのチームなどではない。メンバーを務めるのは、福島県の多彩な農林水産物。福島県内の生産量が全国で上位を占める、米、キュウリ、アスパラガス、トマト、モモ、日本ナシ、りんどう、福島牛、地鶏兄弟、ナメコ、ヒラメの一一品目だ。

サムライブルーのユニフォームに身を包んだ、愛嬌ある顔立ちのイレブンたちのイラストが制作され、各地のイベントなどでＰＲ活動に汗を流して（?）いる。

チームのキャプテンは米。「彼がいないと食卓も成り立たない」との、誰しも納得の理由から選出された。ゴールキーパーは、「大きな体でゴールを守る」福島牛だ。

ほかのメンバーも、アスパラガスは「雪国での厳しい冬を耐え抜き芽を出した苦労人。高さを活かした攻めに期待」、ヒラメは「相手の攻撃をぬらりとかわす。ポーカーフェイスの淡泊なやつ」など、それぞれ特徴をとらえた、愛あふれるキャラクター設定が、クスリと笑いを誘う。二〇一四（平成二六）年秋には期間限定で、東京の山手線で、ふくしまイレブンのラッピング電車が走り、ふくしまの農産物のＰＲを行った。これからも福島県の精鋭イレブンたちの活躍に、乞うご期待だ。

福島県民は野菜も果物も好き

「ふくしまイレブン」でリーダーを務めるほど、福島県で盛んに生産されているのが米。

では、米以外の農産物はどのぐらい生産されているのだろう。

県北部に位置する福島市は、ナシやモモなどの果物の生産が盛んだ。果樹園がたくさん並ぶ県道五号は、通称「フルーツライン」とも呼ばれている。そこで栽培されているモモは全国第二位、日本ナシは全国第四位の出荷量を誇る。また、中通り南部でのキュウリの生産をはじめ、トマトなど野菜作りにも力を入れている。

農作物を作るだけでなく、食べる方でも福島県はトップクラスだ。一日あたりの野菜消費量は男性が三五〇グラムで第四位、女性が三一八グラムで第七位。一世帯あたりの年間果物消費量一二・三キログラムは、堂々の第一位だ（すべて二〇一〇年調べ）。

福島県が生産量・消費量ともに農業県たり得る理由には、栽培品種のバリエーションの豊富さもあるだろう。あまり知られていないが、朝鮮ニンジンや西洋ナシなどの産地でもある。

多くの農産物が作られる背景には、福島県が明治時代以後に導入した「輪作」と呼ばれる農法が影響している。輪作とは、同じ土地で、生産する農作物の種類を周期的に変えていくやり方で、同じ種類を続けて植えると発生しやすくなる害虫の被害を避けられるなどのメリットがある。

この輪作の成果により、福島県は押しも押されぬ農業県として発展していったのだ。

福島県が全国で上位に入る野菜・果物の出荷量（2008年統計）

キュウリ		
1	群馬県	52,200 トン
2	宮崎県	42,300 トン
3	**福島県**	**37,500 トン**
4	埼玉県	32,700 トン
5	茨城県	18,900 トン
6	千葉県	18,800 トン
7	岩手県	13,500 トン
8	北海道	10,900 トン
9	宮城県	10,400 トン
10	高知県	10,000 トン

モモ		
1	山梨県	39,200 トン
2	**福島県**	**24,100 トン**
3	長野県	16,500 トン
4	和歌山県	7,790 トン
5	山形県	6,630 トン
6	岡山県	3,150 トン
7	新潟県	2,020 トン
8	愛知県	1,080 トン
9	香川県	1,010 トン
10	岩手県	938 トン

トマト		
1	熊本県	62,900 トン
2	愛知県	36,300 トン
3	北海道	35,500 トン
4	茨城県	35,400 トン
5	千葉県	25,600 トン
6	栃木県	25,400 トン
7	岐阜県	23,700 トン
8	群馬県	21,500 トン
9	**福島県**	**21,000 トン**
10	長野県	16,600 トン

日本ナシ		
1	茨城県	21,500 トン
2	鳥取県	21,400 トン
3	長野県	18,100 トン
4	**福島県**	**16,000 トン**
5	千葉県	13,600 トン
6	栃木県	13,100 トン
7	新潟県	9,180 トン
8	福岡県	8,270 トン
9	佐賀県	7,140 トン
10	大分県	6,690 トン

ピーマン		
1	茨城県	23,900 トン
2	宮崎県	22,200 トン
3	高知県	11,700 トン
4	鹿児島県	8,330 トン
5	岩手県	6,840 トン
6	北海道	3,930 トン
7	大分県	3,390 トン
8	**福島県**	**3,000 トン**
9	熊本県	2,090 トン
10	和歌山県	2,080 トン

スモモ		
1	山梨県	7,880 トン
2	和歌山県	1,930 トン
3	長野県	1,790 トン
4	山形県	1,020 トン
5	**福島県**	**626 トン**
6	福岡県	550 トン
7	北海道	287 トン
8	大分県	145 トン
9	青森県	133 トン
10	佐賀県	98 トン

桜の名所として名高い花見山は農家の地道な努力の結晶だった

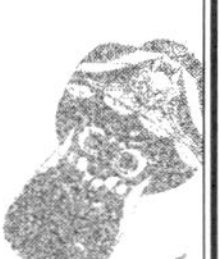

福島市渡利《わたり》にある「花見山《はなみやま》」は、福島県はおろか、日本を代表する花の名所といっても過言ではないだろう。写真家の故・秋山庄太郎《あきやましょうたろう》氏は、毎年撮影に足を運ぶほど花見山に惚れ込み、「福島に桃源郷あり」と称賛したことから、その存在は日本中で知られるところとなった。

全国に花の名所は数あれど、花見山が格別なのは、複数の種類の花を見ることができる点だ。

最も見頃を迎える春には、桜やレンギョウ、ボケ、モクレン、梅などの花が競うように開花し、文字通り百花繚乱の趣だ。

花が咲くのは春だけではない。夏はツツジやショウブ、シャクヤク、秋はカエデが色づき、訪れる人の目を楽しませている。山の斜面に植えられているため、下から見上げると花が折り重なるように咲き、面積に対する花の密度が高いのも花見山ならではだ。

JR福島駅からバスで約二〇分というアクセスのよさも手伝い、春には約二〇万人が訪れる一大人気スポットとなっている。

何もない雑木林を人の手で開墾

今や、福島県が誇る超メジャー観光スポットとなっている花見山だが、実は個人の私有地である。

花見山は、渡利地区の二〇軒ほどの花木農家の農地の集まりである。生け花用など、生花市場に卸すための花を栽培するための広大な農地を総称して花見山と呼び、あくまで農家の方たちの「ご好意」により、一般の見学者に開放しているのだ。

それが人気を呼び、多くの人たちが押し寄せるようになったことから、地元の団体などが、見学ルートを整備したり、臨時の駐車場からシャトルバスを走らせるなど、花木を守りながら、大勢の人たちに安全に見物してもらう努力を行ってきた。

花見山一帯でも、散策路が伸びる山の上の方は特に花見山公園と呼ばれている。この初代園主、故・阿部《あべ》伊勢次郎氏と、その息子で二代目園主、故・阿部一郎《いちろう》氏こそが、花見山の生みの親である。

この辺りは江戸時代から養蚕《ようさん》が盛んで、阿部家も養蚕を家業としていた。ところが一九二一（大正一〇）年頃、一郎氏が二歳の頃に、不況や金融恐慌の煽りを受け、阿部家

春には色とりどりに色づく花見山

は田畑を手放すほど深刻な収入減に見舞われる。

そこで阿部家では養蚕とは別の副業をもつべく、家の前の山林を一ヘクタール、やっとの思いで購入し、開墾。最初は野菜や果物を育てるつもりだったが、土地がやせておりうまく育たない。そこで苦肉の策として花木を植え、花木農家として再出発を図ることにした。

とはいえ、周りには花木農家を営む同業者もおらず、手探り状態で始めた花木の育成は、最初は失敗の連続だった。

一郎氏によれば、伊勢次郎氏は、普段は栗を拾ったり、キノコを採ったりしている家の前の雑木林を見ては、「花を植えたら目の前にきれいな花の山ができるんだ、非常に大きい楽しみができるんだけどなあ、しかもそれは農家でなかったらできない喜びなんだよ」と語っていたという。

その言葉を実現すべく、一九三五（昭和一〇）年、阿部家は養蚕をやめ、本格的に雑木林を開墾し、一本一本花を植える作業を開始する。今とは違い、農作業は機械化されていなかったため、根を掘り起こし、木を伐る作業は、言葉にできないほど大変で、一日につき一坪ほどしか耕すことはできなかった。

しかし、およそ一五年という歳月を費やしての地道な作業が実を結び、雑木林だったところに畑が開墾され、きれいな花が咲くのを見たときの喜びは大きかった。

一九五五（昭和三〇）年に入り、花々が見事に咲くようになると、周りから「ぜひ山を見せてほしい」との要望が聞かれるようになった。その声を受けて父子は、「こんなに美しい花々を、自分たちだけで見ていてはもったいない」と、私有地を「花見山公園」と名づけて一般に開放することに。

周辺の農家も阿部家にならい、見物客を受け入れたことから、巨大な花見スポット、花見山が誕生することとなったのだ。

色とりどりに花々が山肌を埋め尽くす花見山誕生の裏には、こんな苦労のエピソードがあると知れば、その美しさをより深く感じ取ることができるのではないだろうか。

歴代の殿様も愛した三春滝桜 周辺には子孫樹も咲き誇る

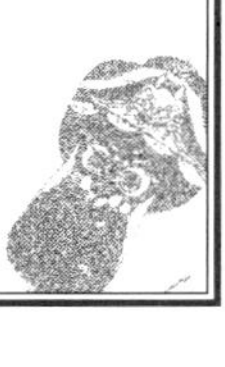

「梅、桃、桜の花が一度に咲き、三つの春が同時に来る」ことからその名がついたともいわれる、田村郡三春町《みはるまち》。この華やかな地名を象徴するかのような存在が「三春滝桜《みはるたきざくら》」だ。岐阜県本巣《もとす》市の「根尾谷《ねおだに》の淡墨桜《うすずみざくら》」、山梨県北杜《ほくと》市の「山高神代桜《やまたかじんだいざくら》」と並び、日本三大桜といわれている。一九二二（大正一一）年には国の天然記念物にも指定された、日本を代表する桜の名木だ。

三春滝桜はエドヒガン系のベニシダレザクラ。樹高は一三・五メートル、根回りは一一・三メートルもある巨木で、春になると、傘のように枝垂れた枝から紅色の花が、流れ落ちる滝のごとく咲き誇る。

樹齢一〇〇〇年ともいわれる三春滝桜だが、実は正確な樹齢は不明だ。ただし、一八三五（天保六）年、三春藩士の草川次栄が京の都へ上がった際、「都まで音に聞こえし滝桜いろ香を誘へ花の春風」と大炊御門《おおいのみかど》内大臣経久の歌に詠まれていたのをのちに報告したことから、この時代にはすでに見事な桜として、評判になっていたことがわかる。

一〇年間歩いてシダレザクラを調査

三春滝桜は別格だが、三春にはほかにもお城坂枝垂《しだ》れ桜や、福聚寺《ふくじゅうじ》桜など、シダレザクラの名木がたくさん存在する。現在、町内に一万本以上の桜の木があるが、そのうち五分の一ほどにあたる、約二〇〇〇本がシダレザクラだ。これらのシダレザクラは三春滝桜の「子孫樹」であると、長年言い伝えられてきた。三春滝桜の種を野鳥が食べ、野に落とした糞に含まれている未消化の種が芽を出し、成長したというのだ。

確かにそう考えれば、三春のシダレザクラの多さに納得がゆく。そして五〇年ほど前、三春滝桜とそのほかのシダレザクラの実測調査に乗り出した二人組がいた。植木の専門家である柳沼吉四郎氏が、郷土史家の木目沢《きめざわ》伝重郎氏に声をかけ、自らの足で歩き回ってのリサーチを開始したのだ。

なんと一〇年間にも及んだ調査の結果からは、実に興味深い事実が明らかとなった。三春にあるシダレザクラは、三春滝桜を中心として、同心円状に分布していたのだ。半径一〇キロメートル以内には、根回り一メートル以上のシダレザクラが、四二〇本以上も存在していた。また、三春滝桜から離れるにつれ、数が減り、樹形も細くなっていった。

この事実は、三春滝桜の種を小鳥が運び、周りに子孫樹を増やしたとの説を裏づけるものと考えられるだろう。三春滝桜に近い場所ほど、種が落とされる確率が高いため、本数も多くなる。三春滝桜から遠ざかるほど木が細くなっているのは、同心円状に、三春滝桜の「子」、そして「孫」「ひ孫」と、代が遠くなるため、樹齢が若いためであろうか。

だが、さらにもう一つの歴史的事実が浮かび上がってくる。

郷土史家で『樹齢一〇〇〇年の三春滝桜』の著者でもある伊藤正義《いとうまさよし》氏は、二人が、三春滝桜の子孫樹は神社仏閣や旧家などに多いこと、さらには、三春と隣り合う石川郡に入ると、同じシダレザクラでも三春滝桜とは品種が異なっていたと記していることを引き、三春のシダレザクラと、三春を治めていた田村氏や秋田氏などの藩主らとの関係を指摘する。両氏とも、シダレザクラを三春藩の領地を示す木と見なし、領内に広げることに深い関わりをもっていたことは間違いなく、特に秋田氏はシダレザクラを「お止め木」として、領地の外への持ち出しを禁じていたというのだ。

三春で積極的に増やされたと考えられるシダレザクラ。一方、現在の石川郡は笠間藩が治めていたため、三春のシダレザクラが植えられることはなかったというわけだ。

つまり、三春にシダレザクラが多いのは、野鳥、そして、藩主の仕業だったことになる。シダレザクラが領地のあちこちで咲くさまを、藩主たちは頼もしい思いで見ていたのだろうか。

毎年多くの人が訪れる三春滝桜（上）、三春町の中にあるベニシダレザクラの古木・福聚寺桜（下）

和菓子屋さんが神社を造った⁉ 郡山の萬寿神社が縁結びの神様なワケ

郡山市を代表する銘菓として知られる、柏屋の薄皮饅頭。名前の通り、押すと破れてしまいそうなほどデリケートな薄皮で、自家製のあんをたっぷり包んだ風味豊かな饅頭だ。東京の志《し》ほ《お》せ饅頭、岡山市の大手まんぢゅうと並ぶ、「日本三大饅頭」の一つとされている。薄皮饅頭には、しっとりなめらかな舌触りの「こしあん」と、ふっくらした粒が素朴な味わいの「つぶあん」の二種類がある。一八五二（嘉永五）年の柏屋創業の頃に誕生した元祖・薄皮饅頭のあんは「こしあん」。一方の「つぶあん」の歴史はまだ新しく、誕生したのは一九八六（昭和六一）年と現代になってからだ。

柏屋のルーツは、奥州街道にあった郡山宿の茶屋。柏屋の創業者である本名《ほんな》善兵衛《ぜんべえ》が、薄皮饅頭を作って売り出したところ、旅人たちの間で評判を呼ぶ。わざわざ遠回りをしてでも茶屋に足を運び、茶屋で食べたり、土産として買って行く人も多かった。

ところで、薄皮饅頭が、福島空港や東北新幹線のホーム、東北自動車道のサービスエリアなどで販売されているのを目にした人も多いのではないだろうか。こうした交通の要となる場所で積極的に販売しているのは、茶屋時代の、「旅人の心を癒す」との理念を今も大切に受け継いでいるからである。

柏屋といえば、四代目が一九六三（昭和三八）年にある画期的なマシンを発明したことでも知られる。それは「自動包あん機」。それまで手作業が当たり前だった皮であんを包む作業を機械化したことで、以前とは比べものにならないほど多くの人に薄皮饅頭を届けられるようになったに違いない。

饅頭の神社なのに縁結びにご利益アリ!?

柏屋では一九五七（昭和三二）年より、郡山市内に菓祖神《かそしん》「萬寿神社《まんじゅう》」を祀っている。「萬寿」とは和菓子の「まんじゅう」に、縁起のよい漢字をあててつけた名前だ。境内には、饅頭の形をした、重さ二〇トンもある「願掛け萬寿石」が祀られている。

また、毎年四月の第三日曜日には、例大祭の「春のまんじゅう祭り」を開催している。柏屋の創業年数に一を足したキログラム数の重さの「薄皮大萬寿」を奉納。二〇一四（平成二六）年は、一六二キログラムになった。その後は、鏡開きならぬ「萬寿開き」を行い、参加者に先着で饅頭の一部を「お福分け」として配るなど、実にユニークな祭りである。

ところでこの萬寿神社、「お菓子と縁結びの神様」として人気を集めているという。「お菓子」はいいとして、どう見ても、饅頭一色の神社なのに、なぜ「縁結び」の神様なのか。もしや昨今の婚活ブームに便乗したのか、と思いきやさにあらず。萬寿神社が良縁にご利益をもたらすといわれるには、れっきとした根拠があった。

萬寿神社は、奈良市に存在する漢国《かんごう》神社の境内にあり、林浄因命《りんじょういんのみこと》をお祀りする林《りん》神社より分社されており、柏屋創業者の本名氏などとともに、林浄因命を合祀している。

林浄因命は、現在の日本の饅頭を初めて作り、広めた中国人である。そしてこの林浄因命が、「お菓子」と「縁結び」に大いに関係のある人物なのだ。

元々饅頭は、三世紀、中国の諸葛孔明《しょかつこうめい》が、荒れる川を鎮めようと、人身御供を捧げる代わりに、人の頭の形をした肉を詰めた菓子を川に投げ込んだのが始まりといわれる。室町時代、宋から帰国する僧と一緒に来日した林浄因命は、食肉が禁じられている僧侶のために、肉ではなく小豆を使った饅頭を考え出す。これが現在の饅頭の始まりである。

この饅頭を後村上天皇に献上すると、天皇は大変喜び、林浄因命に官女を妻として賜った。結婚式では、林浄因命は自ら考案した紅白饅頭を配った。

つまり、林浄因命は饅頭の縁で妻を娶《めと》り、それをきっかけに、今や祝いの場に欠かせない紅白饅頭も作ってしまったということになる。「お菓子と縁結び」という萬寿神社のご利益は、お祀りしている林浄因命の人生そのものを表すキーワードだったのだ。

アクアマリンふくしまが成し遂げた
サンマにまつわる偉業とは？

太平洋に面した浜通りエリア。浜通りの二大観光スポットといえば、炭鉱から生まれ映画でも話題になった「スパリゾートハワイアンズ」（七六ページ）と、いわき市の小名浜港に面して建つ「環境水族館アクアマリンふくしま」だ。

太平洋の福島県沖は、暖流の黒潮と、寒流の親潮という二つの海流が交わる海域。そのため、プランクトンなどが多く、豊かな生態系が育まれている。

アクアマリンふくしまは、そんな福島の海の特徴である「潮目《しおめ》の海」をテーマとした地域密着型の水族館だ。人が中を通ることができるトンネルを挟んで、左右をそれぞれ親潮水槽、黒潮水槽とし、それぞれの海を再現した展示を行っている。

さて、このアクアマリンふくしま、ほかの水族館がほとんどチャレンジしていないほど難しい、ある魚の飼育・展示を行っている――。

こう書くと、「いったいどんな珍しい種類の魚なんだろう」と思われるだろう。しかし、答えは意外にも、日本人にとって身近な魚の代表選手、サンマである。

旬を迎える秋には脂が乗った、うまくて安いサンマがどの家庭の食卓にものぼる。まさに庶民の味方といえるサンマが、水族館が安易に手を出せない存在だといわれても、ピンとこないのではないか。

だがサンマは、食用に漁獲することは簡単でも、飼育・展示となると実は非常に難しい魚なのだ。その理由には、鱗がはがれやすいため、通常の網では採取できないことや、大変臆病なため、ちょっとした刺激でも水槽の壁にぶつかったり飛び出たりしてしまうこと、さらには寿命が一年半程度と短いので、長期間の飼育ができないことなどが挙げられる。

また、サンマは日本では豊富に獲れるため、わざわざ養殖する必要がない。そのため、人工飼育の研究が進んでいないことも、水族館に導入する際のネックとなる。

このように、捕獲も飼育も展示も困難で、なおかつ身近な存在すぎて地味なサンマの展示に積極的に取り組む水族館はほとんどなかったようで、アクアマリンふくしまが日本で初めて飼育・展示に成功した水族館となった。

すべてが初めてだったサンマの飼育・展示

困難を承知で、アクアマリンふくしまがサンマの展示に挑戦したのにはワケがある。

同館のある小名浜《おなはま》は、サンマの水揚げ量では有数の漁港である。サンマのみりん干しの

試行錯誤のうえで成功したサンマの飼育・展示

発祥の地も小名浜だ。そして、サンマは黒潮海域で産卵し、北上した稚魚は餌の豊富な親潮海域で育つ。黒潮と親潮を回遊するサンマは、潮目の海をテーマに掲げる同館としては、ぜひとも導入したい魚だったのである。

最初に行ったのは、稚魚の飼育。高知県で、定置網を使って採集したサンマの稚魚一二尾を飛行機で同館へ輸送し、手探りで飼育をスタートした。

餌には魚肉、アサリ、アミなどのミンチを一日に五〜六回与え、光に敏感なサンマを刺激しないよう、照明はつけた状態のまま、水槽を黒い幕で覆うなどの工夫を凝らした。

すると、稚魚はすくすくと成長し、三カ

月後には全長二〇センチメートルを超えた。一〇三日目には、なんと世界初となる、水槽内でのサンマの産卵に成功したのである。産卵にこぎつけたことで、サンマにふさわしい飼育環境は把握できたということになる。

次に挑んだのが、サンマの卵を入手し、孵化した稚魚を飼育すること。

サンマは、ちぎれて海に漂っている「流れ藻」に産卵する。そこで、小名浜港から漁船に乗って海に出て、流れ藻を採集。持ち帰った海藻に付着した卵を育成した。水温を一六度に調整した環境で孵化したのち、水温や水流、照明器具、水槽の壁の色など条件を変えて試しながら、稚魚の飼育にふさわしいデータを収集した。また、人工の産卵床を、材質や形状を変えて試作し、繁殖しやすい環境作りにも取り組んだ。

最後の課題は、神経質なサンマの展示方法だった。人や物が動くと、敏感に反応し、落ち着かなくなってしまう。この問題をクリアできなければ、サンマの飼育はできても、展示して多くの人に見てもらうことはできない。

そこで、水槽内のみ照明を当てて明るくし、観覧通路は暗くして、サンマに人が見えないように配慮した。

こうして、さまざまな壁を一つずつ乗り越えながら、無事、二〇〇〇（平成一二）年の開館に合わせてサンマを展示することができたのである。

第六章

遺構や伝承からたどる さまざまな歴史

軍事的に重要な位置にあった福島は古代は二つの国に分かれていた

現在の福島県にあたる領域は、古代に成立した統治単位「律令国制」のもとでは「陸《む》奥《つ》」とされている。こうした地域区分は、どのようにして成立したのだろうか。古代から近世まで、福島県はどういった統治の単位で治められていたのかを整理したい。

六四五（大化元）年、大和朝廷の実権を掌握し、政治をほしいままにしていた蘇我《そが》氏を倒すクーデターが成功し、天智天皇《てんじてんのう》や中臣鎌足《なかとみのかまたり》らが実権を握った。いわゆる「大化の改新」である。

このとき、従来のような土着の豪族が地方を統治する国造《くにのみやつこ》制を改め、朝廷が土地を直接統治する中央集権国家への転換が試みられた。その過程で、全国に国司の治める「国」という新しい地方組織を設けることになったのである。これを律令国制という。陸奥国はそのような「国」のひとつとして誕生した。現在の福島・宮城・岩手・青森県に相当する広大な領域だった。

ところで、現在の福島県にあたる地域はずっと陸奥国に属していたわけではない。

七一八（養老二）年、陸奥国から石城国《いわき》と石背国《いわせ》が分離するという大きな変化があった。これによって福島県域の、現在の浜通りとほぼ同様の東側の地域が石城国、現在の中通りと会津などを含む中央部と西側の地域が石背国というふうに分けて統治され、陸奥国から離れたのである。

どうしてわざわざ二つの国が造られたのだろうか。一説によれば、石背国が東山道《とうさんどう》という地域区分に属する一方、石城国は東海道（江戸時代の東海道とは異なる）に属する常陸《ひたち》国《のくに》と繋がりが深かったため、中央からの伝達が円滑になるよう、あえて二カ国が造られたのだという。

度重なる古代の戦乱に関係し続けた福島県

しかし、石城・石背の両国は長続きしなかった。当時、東北地方では朝廷に従わない土着の勢力、蝦夷《えみし》が存在しており、しばしば中央からの追討を受けていた。蝦夷との戦いに備え、石城・石背の両国は陸奥や出羽との緊密な連携を求められることになった。対策として、複数の国を束ねる「按察使《あぜち》」の制度が活用されるがうまくいかず、結局、七二四（神亀元）年頃に陸奥国に再統合されることになったのである。ただし、この再統合の時期についいては明確な記述は残されていない。

さて、東北の入口である福島県域は、古代を通じてずっと蝦夷との戦いに関わり続けることになる。平安時代初期の八〇二（延暦二一）年、蝦夷の首領アテルイが中央から攻め入った征夷大将軍坂上《さかのうえの》田《た》村《むら》麻《ま》呂《ろ》に降り、中央と蝦夷との戦いは一応の決着を見る。しかし、福島県域は戦場にこそならなかったものの、兵士が徴用されるなど、人的・財政的に大きな負担を抱えることになった。

平安時代後期になっても、福島県域は中央とそれに反抗する勢力の争いの最前線になっていた。前九年・後三年の役がそれである。特に後三年の役において、福島県域は乱の平定に活躍した源《みなもとの》義家《よしいえ》の後方支援地域として重臣がこの地に配置され、数々の伝説を残すことになった。

たとえば、「宗任涙石《むねとうなみだいし》」というものが勿来《なこそ》の関跡（現いわき市勿来町）に残っている。安倍《あべの》宗任《むねとう》という武将が、戦地に赴く義家を勿来の関で見送ったときに流した涙が石になったというものである。ほかにも、義家が弓を立てかけた「弓掛けの松」、馬の鞍をかけた「鞍掛けの松」、義家がゆはず（弓の端）で突いたところ水が湧き出たという「ゆはずの清水」といった伝説の地がいくつもある。勿来の関跡を訪れて、古代の福島の歴史に触れてみるのもいいだろう。

馬も水泳を楽しんでいた？会津にある日本最古のプール

現在、夏には欠かせない存在となったプール。日本で最も古いプールは、いつどこで誕生したのだろうか。

日本最古のプールは、意外と遅く一九世紀に、会津若松の地に造られた「水練水馬池《すいれんすいばいけ》」である。このプール、現在のような暑さをしのぐ遊びのための施設ではない。会津藩士の子弟が通う藩校、日新館《にっしんかん》の一施設として造られたもので、あくまで泳ぎを覚える教練のためのものである。水練水馬池では、どのような教練が行われていたのだろうか。

日新館は会津藩第五代藩主・松平容頌《かたのぶ》（一七四四〜一八〇五年）の治世、一八〇三（享和三）年に完成した。容頌の時代は天明の飢饉や財政難などの危機が続き、家老・田中玄宰《はるなか》を登用して改革を断行した。特に、人材育成を目的とする教育改革は大きなウエイトを占めており、日新館はその一環であった。

日新館は、従来あった教育施設を統合・整備するかたちで建設され、約七二〇〇坪という広大な敷地が使われた。こうして日新館は日本有数の藩校となったが、特徴は規模の大

若者たちが鎧をつけたままの泳ぎの訓練などをした水練水馬池

きさだけではなかった。普通は藩校というと学問を学ぶところだが、日新館は武道・体育も学ぶ学校であり、剣道場・弓道場などもあった。

そうした教練施設の一つとして、水練水馬池も造られたのである。およそ七五〇平方メートルの広さで、向井流の泳法が教えられた。向井流とは幕府で水泳指導も行った向井家が完成させたもので、立って泳ぎ波音をたてず、遠距離にも耐える軍事泳法だった。実戦にも使えるよう、ときには鎧や兜をつけたまま泳ぐこともあった。

さらに実戦演習の一環として、馬に乗ったまま飛び込む訓練も行われた。池の名前通り、馬も水泳の稽古をしたのである。泳ぎに熟練した者は、膳を持ち込んで泳ぎながら食事をしたり、筆で書や絵を描いたりすることもできたという。

日新館が導入したもう一つの「日本初」

日新館が画期的だったのはプールだけではない。もう一つ、現在の学校に欠かせないある制度を取り入れている。一時的ではあるが、日本で初めて学校給食を行ったのである。

一八〇六（文化三）年、会津藩は極度の財政難に陥り、事態を打破するために賄《まかな》い扶持《ぶち》という制度を導入した。今まで藩士に与えられていた扶持の量はいっさい無視して、藩士とその家族一人につき一日米五合のみの支給とされたのである。食べるだけなら間に合うが、これだけの扶持米で生活いっさいを賄うのは非常に苦しい。当時は朝夕の二食が普通で、一〇歳から一七歳前後の育ち盛りの男子では、腹がすいて仕方がなかった。また、藩校に通う子供に弁当を持たせることもできないということで、日新館では給食が導入されたのである。

しかし、藩も財政難であるため贅沢はできない。基本的に一汁一菜、汁は豆腐か青菜で、菜は漬け物だった。月に二回ほどは干し魚か塩鮭が出たが、ほんのひと切れだけだった。ただし米は一人あたり二合半と、かなりの量だった。こうした給食制度だったが、賄い扶持の廃止に伴い、二年間で廃止となっている。

完成まであと一歩だったのに……神指城はなぜ未完に終わった？

会津にある城といえば会津若松城、別名鶴ヶ城である。葦《あし》（蘆）名《な》氏や伊達政宗が居城とした黒川城が、安土桃山時代に蒲生氏郷《がもううじさと》によって改築されたものだ。幕末の会津戦争では、一カ月におよぶ激しい籠城戦を耐え抜いた名城として名高い。

しかし、安土桃山時代末期、会津の地に別の城を築こうという計画があったことはどれほど知られているだろうか。完成していれば、奥州を代表する巨大城郭となるはずだった。しかし、完成間近で工事は取り止めになってしまったのである。なぜ、その城は未完に終わってしまったのだろうか？

一五九八（慶長三）年、上杉景勝《うえすぎかげかつ》は豊臣秀吉から会津一二〇万石を与えられ、三月に会津の地に入った。しかしその年の八月に秀吉は病没。翌年には五大老の一人である前田利家が病没し、秀吉の遺命に反して天下を狙う徳川家康と、豊臣家の天下を守ろうとする石田三成の両陣営の対立が表面化した。

豊臣家の一員として、中央の京都・大坂、西の広島に対し、東日本の中心は会津にする予定だった。そのため、上杉の会津移封後から領内整備と軍備増強に着手。会津盆地の東南の隅に位置する会津若松城は、山が近くにあり拡張が難しかった。そこで大坂や広島のような川と水路を利用した経済都市を目指し、会津盆地の中央に、会津若松城の約二倍の広さで整備を開始。景勝は家老の直江兼続に新たな城を造ることを命じたのだった。

神指城のせいで家康に攻められた？

新しい城の場所は、会津若松城の北西三キロメートルほどにある神指ヶ原《こうざしがはら》（現・会津若松市神指町）である。築城のために一三の村は移転を命ぜられた。工事着手は一六〇〇（慶長五）年二月のことである。計画では本丸の東西は約一八〇メートル、南北は約三〇六メートル。二の丸は東西約四六八メートル、南北約五二二メートルに及ぶ大規模な城「神指城《こうざしじょう》」ができ上がるはずであった。

領内からは一二万人もの人員が集められ、北東の樹齢六〇〇年の大ケヤキを起点に北極星などで方角を確かめながら、夜に測量が行われた。六月一日時点で本丸の土塁《どるい》、石垣などが完成、完成は間近となった。

しかし、神指城築城をはじめとする景勝の軍事力増強は、家康に上杉攻めの格好の口実を与えることになってしまった。一六〇〇（慶長五）年五月、家康は上杉討伐を決定。家康自ら軍勢を率いて攻めて来るという情報が会津に届き、上杉方は対応に追われることになった。結局会津の入口である白河城などの防備に人員を割かざるを得なくなり、神指城の築城は完成目前で中止を余儀なくされた。

家康は上杉討伐のため下野国《しもつけのくに》（栃木県）まで進軍するが、家康が畿内を留守にしている間に石田三成らが挙兵。知らせを受けた家康は次男の結城秀康《ゆうきひでやす》を上杉方への抑えとして残し、三成討伐のため引き返す。白河市や棚倉町、天栄村、栃木県日光市には、兼続が築いた防塁跡が残されている。主戦場に白河の南部を想定し、待ち構えていたのだ。もし戦いが起きていたら、家康方は敗北していたともいわれている。それが関ケ原の直前の「幻の白河決戦」である。

一方、上杉方も同年九月八日に東軍の最上義光《もがみよしあき》と戦端を開き、「東北の関ケ原」ともいわれる慶長出羽合戦が始まった。最上家重臣・志村光安《しむらあきやす》の守る長谷堂城では激しい攻防戦が繰り広げられたが、光安は半月に及ぶ上杉軍の猛攻から城を守り抜く。同年九月一五日、西進した家康軍は関ケ原において三成軍と激突、三成率いる西軍は敗れた。この報を受けて上杉軍は撤退を開始、「東北の関ケ原」は終結した。

家康に降伏した上杉家は米沢三〇万石と大幅に知行を減らされ、転封となる。こうして、奥州屈指の大城郭となるはずだった神指城の威容は幻となってしまった。

関ケ原の戦い直前の東北・関東の東軍、西軍の武将

江戸時代にタイムスリップ⁉ 宿場の保存に尽力した一人の民俗学者

安土桃山時代から江戸時代にかけて、現在の会津若松から各地を結ぶ街道が急速に整備されていった。若松から北へは、現在の山形県米沢市までをつなぐ米沢街道、南には栃木県今市市に至る下野《しもつけ》街道が造られた。若松から中通りの二本松に向けては二本松街道が走り、白河街道は若松から白河城下を結ぶ。西に向けては越後街道が造られ、新潟県新発田《しばた》市までをつないだ。

こうした、人や物の盛んな行き来をしのばせる史跡が、現在の南会津郡下郷町に今も残っている。国の重要伝統的建造物群保存地区に指定されている大内宿だ。下野街道の中途にある宿場町で、伝統的な茅葺きの木造建築が並び、当時の活気を偲ばせている。

参勤交代のときには、会津藩主は下野街道を南下して江戸に向かった。早朝に会津若松城を出発して大内宿で昼食をとり、田島（現・南会津郡南会津町田島）で宿泊するというのが通例であった。その習慣は、一六八〇（延宝八）年に幕府が参勤交代の際の脇街道通行を取り締まるようになるまで続いた。参勤交代が途絶えたあとも、流通業者たちに盛んに利用された。大内宿は、村の北と西から集まる四本の街道が合流し一本になる交通の要衝だったため、明治の三方道路建設で街道筋が現在の国道一二一号に移るまで、宿駅として栄えたのだった。戊辰《ぼしん》戦争では、大内村一帯も戦場となったが、名主の阿部大五郎が会津藩に懇願し、宿場自体は戦火を免れた。

大内宿に入ると、道の両側に四〇軒ほどの家が建ち並んでいるのが見える。寄せ棟造りの家並みが続く風景は美しく、観光スポットとして名高い。これだけの規模で茅葺きの建築が保存されているのは全国でも大内宿だけである。

民家と街道の間にある空き地の意味

この貴重な史跡の保存に貢献したのが、武蔵野美術大学教授・相沢韶男《つぐお》氏だった。高名な民俗学者・宮本常一氏の教え子で当時学生だった相沢氏は、師の教えに従って全国各地のフィールドワークを重ねていた。そのさなかの一九六七（昭和四二）年、大内宿の建造物群に出会った相沢氏はその価値に気づいて調査を重ね、自治体に保存を強く訴える。その甲斐あって、大内宿は一九八一（昭和五六）年に国の重要伝統的建造物群に指定されたのである。

家は道から五メートルほど後退したところに建てられており、この空き地を「オモテ」

残された茅葺きの家並みを目当てに多く観光客が訪れる

と呼ぶ。この「オモテ」は、かつて荷物を積み替えたり、馬を繋いだりする場所として使われた。明治以降、大内宿が宿駅としての役目を終えてからは、稲・葉たばこ・麻などの干し場として用いられた。昔、街道の中央を流れていた堀は一八八六（明治一九）年に埋められ、両側に二本の細い側溝を残すのみだ。現在もきれいな水が流れており、生活用水として利用されている。

大内宿の西の小高い山には高倉神社がある。祭神は後白河法皇の第二皇子、高倉宮《たかくらのみや》以仁王《もちひとおう》だ。平安時代末期、平氏追討の令旨を出すものの、志半ばで戦死した人物である。彼が実は生き延びて尾瀬を越えて大内まで逃れ住んだという伝説が残されており、この地に祀られる由縁《ゆえん》となっている。

まるで万里の長城のようだった？幕末の「天下分け目」の舞台・白河小峰城

現在の白河市にある、日本百名城の一つ・白河小峰城《しらかわこみねじょう》。南北朝時代の一三四〇（暦応三／興国元）年に結城《ゆうき》親朝《ちかとも》によって築かれた。その後一五九〇（天正一八）年に白河結城氏が豊臣秀吉によって取り潰しとなると、支配者は蒲生氏、上杉氏、再度蒲生氏と移った。大改築が行われたのは、一六二七（寛永四）年に丹羽《にわ》長重《ながしげ》が移封されたときのことだ。長重は、織田信長の重臣で安土城築城奉行も務めた丹羽長秀の嫡男であり、家中に技術者を多く抱えていた。そのため改修には高度な技術が使われ、見事な石垣が有名である。石垣造りが少ない東北の城の中では珍しく、会津若松城、二本松城と並び称された石垣造りの城だった。

その後、白河小峰城は丹羽氏、榊原氏、本多氏など七家二一代の城主の居城となる。丹羽氏以外はみな親藩（徳川家康の男系子孫が治める藩）や譜代大名（関ケ原の戦い以前から徳川家の臣下だった大名）であり、白河が幕府にとって重要な意味をもっていたことがわかる。幕末には阿部氏の移封に伴い、二本松藩丹羽氏の預かりとなっている。

当時のままに再建された白河小峰城。その歴史を今に伝える

奥羽越列藩同盟の行く末を決した戦い

白河の地に動乱が訪れたのは幕末維新期だった。一八六八（慶応四／明治元）年、明治新政府は会津追討令を出し、東北諸藩はこの対応に苦慮することになる。会津藩主・松平容保《かたもり》は幕府に忠実な臣下であったため新政府の攻撃対象になったのだが、東北の諸藩は会津藩に同情的な立場だった。閏四月一一日、宮城県の白石城に東北諸藩の代表が集まって会津救済の嘆願書を作成し、奥羽鎮撫《ちんぶ》総督《そうとく》に提出する。しかし、総督は断固とした態度を崩さなかった。

閏四月一九日、これを受けた東北諸藩一五藩が再び白石に会合し、「白石盟約」

を締結。これに越後六藩も加わって「奥羽越列藩同盟」が結成される。

会津若松市河東町と湊町にまたがる戸ノ口原には、会津藩と新政府軍の双方が掘った塹《ざん》壕《こう》が七カ所残っている。また、同じような塹壕は、母成《ぼなり》峠や勢至堂峠《せいしどうとうげ》、蝉《せみ》峠、束松《たばねまつ》峠、馬《ば》入《にゅう》峠、諏訪峠、横川などの峠筋にも残っている。戊辰戦争の激戦を偲ばせるものだ。

東北の入口にあたる白河小峰城は、このとき重要な戦略拠点になった。江戸城無血開城の時点では、この地は藩主不在のため新政府の管理下になっていた。「白石盟約」が成立した翌日、会津軍は白河小峰城を攻撃しこれを落城させる。

新政府軍は白河奪還を図り、五月一日に総攻撃をかける。新政府軍参謀・伊地知正治《いじちまさはる》は、わずか七〇〇の兵で二五〇〇に及ぶ列藩同盟軍を破るため巧みな作戦を立てる。兵力を三つに分け、中央軍をおとりにし、左右の部隊が迂回して敵軍を包囲したのである。戦いは新政府軍の圧勝に終わり、白河小峰城は陥落した。列藩同盟軍は二カ月間にわたって七度も攻撃を加えて再奪還を試みるが、失敗。白河小峰城の攻防戦の結果が、東北における戊辰戦争の大勢を決したのである。激しい攻防の末、白河小峰城の建造物の大半は焼失してしまった。

その後、城跡には曲輪《くるわ》や土塁《どるい》、石垣、堀を残すのみだったが、平成に入り三重櫓《さんじゅうやぐら》（天守に相当）や前御門が当時の史料に基づいて再建された。

奥州藤原氏の抵抗の証
国見町に現在も残る長大な防塁跡

宮城県との県境に位置する福島県国見町《くにみまち》には、総延長三・二キロメートルにわたる巨大な三重の土塁と二本の空堀《からぼり》が残されている。かつてこの地における合戦に備えて造られた防塁《ぼうるい》の跡だ。

その名は阿津賀志山《あつかしやま》防塁といい、阿津賀志山（現在は厚樫山と表記される）中腹から阿武隈川近くまで伸びている。この長大な防塁が築かれたのは、なんと八〇〇年も昔の平安時代末期のことだ。なぜ、このような大規模な構築物が造られる必要があったのだろうか？

平安時代後期の一二世紀、奥州を支配していた奥州藤原氏。平泉を拠点として栄華を極め、中尊寺金色堂《ちゅうそんじこんじきどう》を造営するなど独自の文化を花開かせた。しかし、実質的な独立政権として繁栄していた藤原氏に危機が訪れる。源平合戦に勝利し、全国統一を目指す源頼朝が藤原氏討伐の兵を挙げたのだ。ときに一一八九（文治五）年七月、奥州合戦の始まりだった。二八万四〇〇〇騎におよぶ鎌倉軍は、軍勢を三分割して平泉へと向かった。そのうち頼朝が率いる軍勢は、下野国《しもつけ》（現在の栃木県）を経て東北に入る。

これに対し、迎え討つ藤原泰衡《やすひら》は防御の備えを固める。このとき、阿津賀志山に砦を築いたうえ、山から阿武隈川に至る堀を建造して水を引いた。敵軍、特に騎馬武者の素早い動きを封じるために造られたもので、堀の深さは三・四メートル、幅は一五〜三五メートルもある。奥州藤原氏のもつ人員動員力や技術力の賜物だった。

こうして阿津賀志山は、鎌倉軍に対する奥州藤原氏の重要な防衛拠点となった。この地には大将として泰衡の異母兄・国衡《くにひら》を二万の軍勢とともに配置。鎌倉軍は敵を上回る二万五〇〇〇以上の兵力（推定）を投入したが、正面からの突破は非常に困難になった。

決戦を前にした鎌倉軍にとって、大規模な防塁にどう対応するかが課題となった。八月七日夜、頼朝の重臣畠山重忠《はたけやましげただ》は、鎌倉から連れて来た八〇名に命じ、闇に紛れて鋤《すき》や鍬《くわ》で堀の一部を埋めさせた。同一〇日、奥州軍本陣に対して総攻撃が仕掛けられる。

奥州軍の抵抗はすさまじく、砦も堅固であった。数で上回る鎌倉軍は当初は苦戦を強いられた。しかし、小山朝光《おやまともみつ》らが率いる別働隊が密かに迂回して敵の背後に回り込み、奇襲攻撃をかけたために奥州軍はついに敗走。国衡は退却中、和田義盛《わだよしもり》に討たれた。

この敗戦によって、藤原氏は大打撃を受け、奥州合戦の大勢は決した。八月二二日に平泉はあっけなく陥落し、泰衡は家臣に殺され、一〇〇年にわたる奥州藤原氏の栄華は幕を閉じる。その後、奥州は鎌倉政権の統治下に組み込まれることになった。

山全体を覆い尽くしていた巨大寺院が霊山からあとかたもなく消えたのはなぜ？

伊達市と相馬市の間にそびえる、標高八二五メートルの霊山《りょうぜん》。平安時代初期の八五九（貞観元）年に最澄《さいちょう》の弟子・円仁《えんにん》によって開かれ、以降天台宗の拠点として栄えた。最盛期には山全体を三六〇〇もの僧坊が覆い、巨大な山岳寺院となっていたという。

しかし、現在は山中にそれらの礎石が残っているだけで、建物はいっさい残っていない。南北朝時代に要塞として使われ、戦火に見舞われてしまったからである。

一三三三（元弘三／正慶二）年に鎌倉幕府が滅亡し、後醍醐《ごだいご》天皇による建武《けんむ》の新政が開始。北方まで支配力をいきわたらせるために側近の北畠親房《きたばたけちかふさ》・顕家《あきいえ》父子と、後醍醐天皇の第七皇子・義良《のりよし》親王を陸奥に派遣した。しかし、一三三六（建武三）年に足利尊氏の離反によって建武の新政は崩壊、吉野に逃れた後醍醐天皇は南朝を創始した。南北朝の動乱の始まりである。顕家は南朝側に立って尊氏討伐の兵を挙げるが、南陸奥の小高《おだか》城（現南相馬市）で相馬氏が北朝側に立って反乱を起こし、奥州の戦乱状態が始まった。

一三三七（建武四）年一月、顕家はそれまで奥州統治の拠点であった多賀城から、霊山

1340年頃の東北・関東の北朝方、南朝方の武将の分布図

に城を築いて拠点を移す。絶壁の岩山が続く霊山は攻めづらい天然の要害であった。また、南朝の有力武将・伊達行朝《だてゆきとも》の本拠地に接していたうえ、南朝に与《くみ》する結城氏の所領にも近いという地理的な要因もあった。

同年八月、顕家は義良親王を奉じて北朝との戦いのために霊山を発ち、西へと上る。鎌倉を攻略するなどの活躍を見せたが、翌年北朝方に敗れ、和泉境浦（大阪府堺市）で戦死してしまった。顕家の父親房は常陸（茨城県）に入って再起を図るが、一三四三（康永二）年に常陸の拠点が陥落し、吉野に逃れた。こうして、北朝の優位は決定的になる。

南朝が不利になる中、最後までもちこたえていたのが霊山城と宇津峰城《うづみねじょう》（須賀川市）の二城であった。ともに攻め難い要害だったが、一三四七（貞和三）年、北朝の吉良貞家《きらさだいえ》らの総攻撃によって相次いで陥落。霊山城は焼き払われ、再建されることはなかった。

その後、顕家の弟顕信《あきのぶ》が勢力を盛り返し、一時宇津峰城に立て籠もるが、一三五二（文和二）年に陥落、奥州における南北朝の動乱は終結した。

幻となった霊山の密教寺院だが、発掘調査によって当時の様子が一部明らかになっている。敷地は寺屋敷、東寺屋敷、古霊山という三つの区画に分かれており、五〇棟もの礎石が発掘された。東北の地で南朝側に立って戦った北畠親房・顕家・顕信らの父子は、明治時代になって創建された霊山神社に祀られている。

「独眼竜」だけではなかった！ もう一人の伊達政宗が福島にいた

大河ドラマをはじめ多くのメディアで描かれ、高い人気を誇る戦国武将・伊達政宗。現在の南東北一帯をほぼ手中に収めた名将であり、仙台藩の礎を築いた。幼い頃に右目の視力を失ったことから後世「独眼竜」と呼ばれたこの武将については、今さら詳しい解説を加えるまでもないだろう。

しかし、歴史上にはもう一人、「伊達政宗」を名乗る人物が存在していた。伊達氏第九代当主・伊達大膳太夫《だいぜんのだいぶ》政宗である。このもう一人の政宗が生きていたのは室町時代前期（一三五三（文和二）～一四〇五（応永一二）年）のことだ。「独眼竜」として有名な伊達藤次郎政宗は第一七代の当主である。藤次郎政宗の名も、先祖である大膳太夫政宗の功績にあやかってつけられたものだ。では、この「もう一人の伊達政宗」は、いったいどんな活躍をしたのだろうか？

実は、先祖のほうの政宗も大胆不敵な行動で歴史に名を残している。室町時代、東国を管轄した鎌倉府に反旗を翻したのである。

きっかけは、一三九一（明徳二）年のことだった。当時の東北の地はそれまで幕府の奥州管領が統治していた。しかし、室町時代初期の内乱の影響が東北の地にも及んでおり、奥州管領の統治機構は機能不全に陥っていたのである。困った幕府は、関東を治める鎌倉府に東北も管轄させることにし、支配のたがを締め直そうとした。しかし、鎌倉府は東北に代官を派遣して強引に土地調査や徴税を行ったため、地元住民の相次ぐ反乱を招いてしまった。

当時鎌倉府のトップ・鎌倉公方だった足利満兼《あしかがみつかね》は一三九九（応永六）年、反乱に対処するため弟の満直《みつなお》・満貞《みつさだ》を奥羽に派遣。だが、これが新たな争いの火種となる。満直・満貞は南東北の有力者・伊達政宗に領土の献上を強要した。これに不満を抱いた政宗は翌年の三月、葦名氏や大崎氏などと手を結んで鎌倉府に反逆、五〇〇騎余りの軍勢を率いて白河まで攻め上った。

「伊達政宗の乱」の背後にひそむ影

政宗の反乱には、室町幕府が関わっていたという説がある。三代将軍足利義満《よしみつ》は、幕府からの自立を望む鎌倉府とは対立関係にあった。そのため、鎌倉府の牽制のため政宗に反乱を起こさせ、背後を攪乱《かくらん》させたというのだ。

実は、政宗の妻と義満の生母は姉妹で、政宗は乱の前に上洛し、義満と誼《よしみ》を交わしている。このような親密ともいえる関係を考えると、義満が反乱の糸を引いていたという話は、ありえない話でもないのである。

伊達政宗の乱は、鎌倉方の結城満朝《ゆうきみつとも》の奮戦もあっていったんは鎮圧されるが、鎌倉府と伊達氏の緊張関係はさらに続いた。

一四〇二（応永九）年、再び反乱を起こした政宗に対し、満兼は上杉氏憲率いる七〇〇〇騎もの討伐軍を奥羽に派遣、政宗の本拠地・赤館を包囲する。赤館は兵数に勝る上杉軍によってついに攻め落とされるが、政宗はこの際の奮戦によって敵方に多大な損害を与えた。

鎌倉府は乱を抑えることはできたが、幕府とつながりの深い伊達氏を討伐することは叶わなかったのである。一連の戦いによって政宗は大いに武名を上げ、伊達氏中興の祖として尊敬を集めることになった。

なお、政宗は武勇のみならず芸事にも秀で、次の歌のような優れた和歌も残している。

「山間の霧はさながら海に似て波かと聞けば松風の音」

武将としてだけでなく、文化人としても優れていた点も、戦国時代に活躍する政宗との共通点であった。

「神笑」に「夜ノ森」とは？浜通りの地名にまつわる神話

古くから八百万《やおよろず》の神々が信仰されてきた日本。福島県にも、神様が関係する地名が存在する。海沿いにある、いわき市泉町下川には「神笑《かみわらい》」という風変わりな地名があるが、これも神話の物語からつけられたものだ。いったいどうして、「神様が笑う」などという地名がついたのだろうか？

かつて、この近くの海岸に三人の神様が集まって、それぞれどこを棲家とするのかを話し合った。なかなか話がまとまらず時間がかかったが、結局は次のようになった。「今まで寒いところにいたので、温かい温泉の湧くところに住みたい」という神様は湯本《ゆもと》の温泉《おんせん》神社（通称・温泉様）、「波の音がうるさく眠れなかったので、今度は波音の聞こえない静かなところに住みたい」という神様は釜戸《かまど》の諏訪《すわ》神社（通称・諏訪様）、「あまり静かだと落ち着かないので、波の音のよく聞こえるところに住みたい」という神様は下川の津《つ》神社（通称・明神様）にそれぞれ鎮座することに決まった。誰もが満足する結果に、神々は声高らかに笑い合った。

この伝承が、下川の地に「神笑」という地名が生まれた由来である。ちなみに、ここで挙げたいずれの神社も、いわき市内にある。

温泉神社の祭神は大国主命《おおくにぬしのみこと》、少彦名命《すくなびこなのみこと》、事代主命《ことしろぬしのみこと》。諏訪神社の祭神は建御名方命《たけみなかたのみこと》、津神社の祭神は大海津見神《おおわたつみのかみ》である。現在でも、温泉神社はいわき湯本温泉の中心地近くの温泉そば、諏訪神社は山間部の静かな場所にあるため神様が望んだ通りの「立地条件」ではある。

しかし、津神社については、周囲の環境は最近になって大きく変わってしまったので、もしかしたらこちらの神様はお怒りかも知れない。一九六五（昭和四〇）年頃までは神社の近くまで砂浜があったというが、現在の神社周辺は小名浜臨海工業団地に囲まれてしまっているのだ。周囲は埋め立てられ海岸線は遠のいてしまい、ゆったりと波音を聞くような風情ではなくなってしまった。

神の塚の話がどうして「夜ノ森」になった？

浜通りの富岡町には、大熊町との境に「夜《よ》ノ森《もり》」という森林地帯がある。この地名も実は神話が基になっている。登場するのはタカミクラノミコトという神様だ。

タカミクラノミコトは、伊勢国の津から土着の賊を平定しながら日高見の国（蝦夷《えぞ》地。

現在でいう関東・東北地方）に向かった。長く苦しい旅路の末、関東に出てそこから海路で東北に向かったとされる。ミコトの船団は現在の南相馬市にあたる渋佐の浜に上陸、近隣各地で転戦した。自分の土地を守ろうとする賊たちも強く抵抗し、ミコトは賊に包囲されてしまった。そして、ついに毒矢に当たり、血を吐いて倒れてしまった。それでも、ミコトの軍は奮戦して賊を破ることができた。だが、ミコトの死が知られると敵の士気が上がって逆襲される恐れがあり、遺骸を奪われる可能性もあったので、急いで大きな塚を造ってミコトを葬った。

急いで塚を造ったその場所はいつしか「いち夜の森」と呼ばれるようになり、一夜のうちにできた森、と解された。それが転じて、宵ノ森、あるいは夜ノ森と呼ばれるようになったという。いつの間にか地名の意味するところが大きく変わってしまうことはしばしばあるが、夜ノ森もその一例ということができるだろう。

現在の夜ノ森公園は桜、ＪＲ夜ノ森駅前はツツジの名所として名高い。しかし、二〇一一（平成二三）年の福島第一原発事故のためこの地域も立ち入り禁止区域となり、二〇一四（平成二六）年現在は、これらの季節の花を楽しむことはできない。一日も早い復旧が待たれる。

永遠のライバル・伊達氏と相馬氏 境界を示す「境の桜」はどこにあった？

鎌倉時代初期、鎌倉幕府と奥州藤原氏の間で起きた奥州合戦の戦功から、伊達郡の地を与えられたことに始まる伊達氏。鎌倉初期の武将・千葉常胤《つねたね》を祖とする相馬氏。ともに南奥州を拠点として力を蓄えた武家の名門であり、戦国時代には激しくしのぎを削った。伊達氏は政宗の代に奥州を席巻して広大な領地を得るが、対する相馬氏も、伊達氏に比べると決して大大名ではなかったにも関わらず、たびたび伊達氏を苦しめた。関ケ原後には最終的に伊達政宗の力添えによって家を存続させ、明治時代まで家名を残すことに成功した。しかも、転封されることなく同じ地域を支配し続けたため、相馬氏は鎌倉時代から明治維新まで、実に七四〇年にわたって現在の浜通り夜ノ森以北を統治したことになる。これほど長期にわたって同一地域を支配した例は世界的にもまれで、同じ日本の武家では熊本県の相良《さがら》氏や鹿児島県の島津《しまづ》氏とともに特筆すべき存在である。

さて、戦国時代ライバル関係にあった両者は、江戸時代になっても大名として存続した。伊達氏は仙台藩を、相馬氏は中村藩を与えられ、隣り合った地域を治めることになったのである。伝承では、この二つの藩の境界を示すために桜の木が植えられた、とされている。これがいわゆる「伊達と相馬の境の桜」である。民謡「相馬二遍返し」の中で、「伊達と相馬の境の桜　花は相馬に実は伊達に」と歌われていることで有名だ。

そうした有名な桜の木であるが、実はいつの間にか失われてしまい、現存しない。実際はどこにあったのか、正確な場所ははっきりしていない。「ここにあったのが境の桜である」と伝わる場所が二カ所に存在しているのみだ。

一つは、相馬市玉野の地である。一九七一（昭和四六）年、相馬市と伊達市の友好を記念し、新たに桜の木が植えられた。前述した民謡の「伊達と相馬の〜」のくだりが石碑に刻まれ、毎年セレモニーが行われている。

もう一つの候補は、飯舘村である。『磐城史』の中の「伊達と相馬の境の桜」と題された文章の中では、この地こそが民謡に歌われた「境の桜」であるとしている。

いったいどちらが、本当の「境の桜」なのであろうか？　いずれにせよ、上記の二カ所ともかつての仙台藩と中村藩の国境にあるので、「境の桜」には違いないのだが。もっとも、福島県阿武隈地域振興協議会は、観光サイト「あぶくま里山王国」の中で、玉野の桜を「昔、伊達仙台藩と相馬中村藩との境界の目印として桜の木が植えられた場所の一箇所」と紹介しているので、「境の桜」は複数あった、という考えでも差し支えないのかもしれない。

発見者は高校生！　日本初の首長竜は『ドラえもん』にも登場した！

人類が誕生する遥か昔の中生代《ちゅうせいだい》（約二億五二〇〇万〜六五〇〇万年前）に繁栄した爬虫《はちゅう》類《るい》、恐竜。太古のロマンをかき立てる恐竜の化石は、日本でも発見されている。恐竜化石が多く産出する場所としては福井県が有名だが、福島県いわき市でも日本の古生物学史上に残る発見があった。

その発見は、一九六八（昭和四三）年のことだった。いわき市と双葉《ふたば》郡にかけて、恐竜が生きていた中生代白亜紀《はくあき》（約一億四五〇〇万年前）の地層が露出しており、「双葉層群《ふたばそうぐん》」と呼ばれている。

昭和の初め、この地層から首長竜《くびながりゅう》の化石の断片が発見されていた。首長竜とは、恐竜と同じ時代に栄えた海に棲む爬虫類のことだ。当時高校生だった鈴木直《すずきただし》氏はこれに興味をもち、伯母の家からほど近い場所の地層を発掘していた。サメの歯の化石を発見した鈴木氏はさらに発掘を続ける。そのときに、首長竜の頚椎《けいつい》の化石を発見したのだった。

日本で古代の大型爬虫類の化石がはっきりと確認されるのは初めてのことであり、しか

いわき市石炭・化石館ほるるにあるフタバサウルス・スズキイの化石（複製）

も発見者が化石収集を趣味とする高校生だったことから話題になった。古代生物の化石はどこに埋もれているかわからないため、発掘調査には根気が必要だ。しかしその一方で、アマチュアの研究者が大発見をすることもしばしばあるのだ。

新種の首長竜の名は発見者名からつけられた

異例なのは発見者についてだけではなかった。連絡を受けた国立科学博物館の専門家たちが本格的な発掘調査を行った結果、全長約七メートルもの首長竜の化石が発掘され、ほぼ全身の復元に成功したのである。

多くの場合、古代生物の化石は断片しか

発掘されないため、大型生物の全身が発見され、復元まで至るのは非常に幸運なケースだといえる。

この首長竜には、発見された場所の双葉層群と発見者の鈴木氏にちなみ、「フタバスズキリュウ」という和名が与えられた。

日本国内で発見された初めての大型爬虫類であるフタバスズキリュウは、「発見者が高校生」「全身が発掘された」という発見時の話題性のおかげで、多くの古生物ファンに深い印象を与えた。藤子《ふじこ》・F・不二雄《ふじお》の漫画『ドラえもん』の作中にも登場し、のび太たちの冒険のきっかけとして描かれている。

一方で、この化石が学術的に新種といえるかどうかの確認には長い時間がかかった。化石から得られる情報は限られており、新たに発見された化石を新種かどうか判断するのは非常に難しいのだ。

二〇〇六（平成一八）年、フタバスズキリュウはようやく新種であることが確認された。「フタバサウルス・スズキイ」という学名を与えられ、正式に日本オリジナルの種として認められたのである。発見から実に三八年が経っていた。

現在、いわき市石炭・化石館ほるるのロビー・エントランスでは、複製されたフタバスズキリュウの全身骨格標本を、展示室では頸椎などの実際の化石が見ることができる。

〈参考文献〉

『角川日本地名大辞典 7 福島県』「角川日本地名大辞典」編纂委員会 竹内理三編（角川書店）／『ひと目で分かる会津の史跡と文化財めぐり』笹川寿夫編著（歴史春秋出版）／『福島遺産百選ガイドブック ふる里の誇り』（福島民友新聞社）／『「地名のいわれ」が一気にわかる本』浅井建爾監修（成美文庫）／『被災地復興で本当にあった忘れてはいけない話』イースト・プレス編集部編（イースト・プレス）／『日本の特別地域 特別編集44 これでいいのか 福島県』岡島慎二・佐藤圭亮編（マイクロマガジン社）／『会津ものしり検定 もっと会津を知ろう』会津ものしり検定委員会編（会津の文化づくり）／『地名の魅力』谷川彰英（白水社）／『知らなかった！「県境」「境界線」92の不思議』浅井建爾（実業之日本社）／『福島県謎解き散歩』小桧山六郎編著（新人物往来社）／『日本人として知っておきたい地名の話』北嶋廣敏（毎日新聞社）／『地図屋しか知らない!? なるほど知図BOOK びっくり地名読本 東日本』地名の謎研究会編（昭文社）／『あなたの知らない福島県の歴史』山本博文監修（洋泉社）／『湖育む 語り継ぐ猪苗代の自然と歴史・文化を考える会編（歴史春秋出版）／『浜通り 伝説へめぐり紀行』植田龍（歴史春秋出版）／『図解 日本の「三大」なんでも事典』世界の「ふしぎ雑学」研究会（三笠書房）／『意外と知らない 日本地図の秘密』日本博学倶楽部（PHP研究所）／『福島県の歴史』丸井佳寿子他（山川出版社）／『福島県の百年』大石嘉一郎編（山川出版社）／『シリーズ藩物語 会津藩』野口信一（現代書館）／『えっ？本当?! 地図に隠れた日本の謎』浅井建爾（実業之日本社）／『会津ちょっといい歴史』野口信一（歴史春秋出版）／『福島遺産百選ガイドブックーふる里の誇り』（福島民友新聞社）／『輝くいわきの人・暮らし・まち』いわき未来づくりセンター（いわき未来づくりセンター）／『酷道をゆく2』松波成行・渡辺郁麻（イカロス出版）／『酷道vs秘境駅』松波成行・牛山隆信（イカロス出版）

（順不同）

〈参考インターネットサイト〉

猪苗代観光協会／内閣府／福島市観光コンベンション協会／花見山公園／福島県庁／農林水産省／マイナビ／飯野町振興公社／只見町役場／福島民報社／新地町復興応援隊のFacebookページ／新地町役場／株式会社手塚プロダクション／ニッポニア・ニッポン／JAあいづ／アクツ商事／蔵のまち喜多方老麺会／喜多方観光物産協会／小嶋独観／相馬市役所／柏屋／会津若松観光ビューロー／ふくしま物産マイスターふるまい隊／kyoto・草の根工房・菜根庵／クラブツーリズム／総合南東北病院／産業技術総合研究所　地質調査総合センター／瑞浪市役所／日本木地師学会／中日新聞社／日本テレネットWEBメディアふくしま／福島県文化スポーツ局　生涯学習課／環境水族館アクアマリンふくしま／川内村役場／全国町村会／福島民友新聞社／裏磐梯観光協会／会津若松市役所／福島県庁／磐梯山ジオパーク協議会／国土交通省　東北地方整備局　仙台河川国道事務所　角田出張所／国土交通省東北地方整備局／農業農村整備情報総合センター／安積疏水／郡山市役所／農林水産・食品産業技術振興協会

（順不同）

〈写真協力〉

ふくしまの旅　観光フォトライブラリ／会津若松市役所／喜多方市役所／只見町役場／桑折町役場／新地町役場／川内村役場／いわき市まちづくり観光ビューロー／猪苗代観光協会／スパリゾートハワイアンズ／アクアマリンふくしま／いわき市石炭・化石館ほるる／株式会社手塚プロダクション

（順不同）

監　修

石田明夫（いしだ・あきお）

1957年、会津若松市生まれ。日本考古学協会員、会津古城研究会会長、会津ユネスコ協会事務局長。福島・会津に関わる研究活動に従事している。大河ドラマ『天地人』では、福島県部分の時代考証などに関わる。共著で『八重と会津戦争』（洋泉社）、『新島八重を歩く』（光人社）、『NHK大河ドラマ「天地人ドラマストーリー　完結編」』（日本放送出版協会）などがある。

じっぴコンパクト新書　233

意外《いがい》と知《し》らない福島県《ふくしまけん》の歴史《れきし》を読《よ》み解《と》く！
福島《ふくしま》「地理《ちり》・地名《ちめい》・地図《ちず》」の謎《なぞ》

2015年1月15日　初版第一刷発行

監修者……………… 石田明夫
発行者……………… 村山秀夫
発行所……………… 実業之日本社
〒104-8233　東京都中央区京橋 3-7-5　京橋スクエア
【編　集】TEL.03-3535-2393
【販売部】TEL.03-3535-4441
http://www.j-n.co.jp/
印刷所……………… 大日本印刷株式会社
製本所……………… 株式会社ブックアート

ISBN978-4-408-11116-2（学芸）